湖南省自然科学基金：区域低碳产业协同创新体系形成机理及引导模式研究（项目编号：2015JJ2048）

低碳产业集群协同创新网络形成机理与运行机制研究

刘运材◎著

GMSKWK

光明社科文库 GUANG MING SHE KE WEN KU

光明日报出版社

图书在版编目（CIP）数据

低碳产业集群协同创新网络形成机理与运行机制研究 /
刘运材著 .－－北京：光明日报出版社，2018.8（2022.9 重印）
ISBN 978－7－5194－4622－2

Ⅰ.①低… Ⅱ.①刘… Ⅲ.①低碳经济—产业集群—
技术创新机制—研究—中国 Ⅳ.① F269.23

中国版本图书馆 CIP 数据核字（2018）第 212516 号

低碳产业集群协同创新网络形成机理与运行机制研究
DITAN CHANYE JIQUN XIETONG CHUANGXIN WANGLUO
XINGCHENG JILI YU YUNXING JIZHI YANJIU

著　　者：刘运材

责任编辑：李月娥　　　　　　　　责任校对：赵鸣鸣
封面设计：中联学林　　　　　　　责任印制：曹　净

出版发行：光明日报出版社
地　　址：北京市西城区永安路 106 号，100050
电　　话：010-67078251（咨询），63131930(邮购)
传　　真：010-67078227，67078255
网　　址：http://book.gmw.cn
E－mail：gmrbcbs@gmw.cn
法律顾问：北京市兰台律师事务所龚柳方律师

印　　刷：三河市华东印刷有限公司
装　　订：三河市华东印刷有限公司
本书如有破损、缺页、装订错误，请与本社联系调换

开　　本：170mm×240mm
字　　数：207 千字　　　　　　　印张：15
版　　次：2018 年 8 月第 1 版　　　印次：2022 年 9 月第 2 次印刷
书　　号：ISBN 978－7－5194－4622－2

定　　价：75.00 元

内容简介

　　党的十九大报告提出加快生态文明体制改革，建设美丽中国，同时要加快建设创新型国家，建立以企业为主体，市场为导向，产学研深度融合的技术创新体系。产业集群是区域经济发展的重要载体，改革开放以来，我国区域经济发展得益于产业集群的集聚效应与辐射作用，取得了巨大的成绩。然而，在经济取得快速发展的同时，随着我国工业化进程的推进，很多传统的产业集群也在大量消耗资源和能源，造成对国际资源、能源市场的严重依赖以及碳排放的不断增加，面临着低碳转型发展的迫切需要。产业集群的转型发展主要体现在两个方面，一是传统产业集群通过协同创新实现低碳转型，发展为低碳产业集群；二是低碳产业集群通过协同创新实现内部效率的最大化，这两个问题的解决对于实现区域经济的绿色发展、低碳发展及可持续发展具有重要的战略意义。本书基于协同创新理论及低碳经济理论，分析了低碳产业集群协同创新网络的组成要素与环境、协同创新主体及其关系以及资源配置方式，从而揭示了低碳产业集群的形成机理和运行机制；通过对新兴服务业产业集群协同创新的案例分析，验证了协同创新机理在实践中的运用，最后提出了我国低碳产业集群转型发展的策略。本书的研究将对实现我国传统产业集群低碳转型、低碳产业集群协同创新及推动区域经济高质量发展提供参考和借鉴。

序　言

　　区域创新是国家创新的重要组成部分，推动区域创新体系建设对建设创新型国家具有重要意义。随着经济全球化、网络化、信息化的加速，国内外竞争环境变化越来越快，产业集群化发展已经成为我国经济发展中的亮点。产业集群是区域经济发展的重要载体和平台，改革开放以来，我国东部沿海地区的经济发展得益于产业集群的集聚效应与辐射作用，经济取得了快速的发展。产业集群具有强大的竞争优势，使集群中企业能够实现资源共享，降低交易成本与运输费用，获得集群溢出效应，提高创新能力，培育了企业核心竞争能力，为企业的成长提供强大的动力和广阔的空间。随着我国工业化、城市化进程的加速推进，一些传统的产业集群大量消耗资源和能源，造成对国际资源、能源市场的严重依赖，导致碳排放的不断增加，直接破坏人们赖以生存的环境和气候，使得雾霾等恶劣天气时有发生。传统产业集群带来的大量环境污染使我们必须认真思考传统产业集群的低碳转型升级问题。为了改变这一现状，十九大报告提出，加快生态文明体制改革，建设美丽中国，突出解决环境问题，打赢蓝天保卫战；与此同时，还提出了加快建设创新型国家，通过深化科技体制改革，建立以企业为主体，市场为导向，产学研深度融合的技术创新体系。在快速变化的市场环境中，企业需要加强与相关机构之间的合作以共同应对外部环境的不确定性。协同创新不仅可以缩短产品研发周期、降低创新成本，提高创新效率，而且对企业绩效以及整个行业的技术进步与竞争力的提升产生影响。然而，当前我国区域经济发展中存在碳排放较高以及创新主体缺乏有效协作的现状，导致区域产业创新体系效率低下，产业结构升级困难。随着我国经济发展阶段步入新常态以及资源环境的约束，产业集群获取竞争优势的源泉已经向创新能力和绿色发展能力转变，低碳技术创新能力越来越成为决定产业集群竞争力的关键因素。为了使产业集群具备持续竞争优势，一方面要进行低碳转型，另一方面还要提高集群创新能力，特别是集群的协同创新能力。当前，产业集群绿色竞争力对国家和区域经济发展产生重要影响，已经成为国力差异和区域经济发展水平差异的决定性因素，通过低碳产业集群的协同创新可以提高产业集群的绿色竞争力。协同创新网络是一种异质相关的创新主体之间的大协同，产业内创新主体通过契约或股权联结形成了网络化的新型组织，网络内部各行为主体之间按照合作规则运行，逐步演化形成有序的新组织结构，从而形成一个高效率的自组织系统。

本书将从提高产业集群低碳转型和协同创新网络运行机理两个方面分析区域经济发展的实现路径，将对完善区域低碳产业集群协同创新网络、实现绿色低碳发展提供一定的思路；同时，研究成果将对实现产业集群发展由资源和投资驱动转变为创新驱动、实现区域经济增长方式从粗放型向集约型转变以及促进区域经济可持续发展有一定的参考和借鉴意义。

目 录
CONTENTS

第一章 绪 论 ……………………………………………… 1

第一节 选题背景与研究意义 …………………… 1

第二节 研究内容与思路 ………………………… 6

第三节 研究方法与可能的创新点 ……………… 9

第二章 产业集群、低碳经济及协同创新网络概述 …………… 13

第一节 产业集群与低碳经济的融合 …………………… 13

第二节 协同创新网络的基本理论 ……………………… 28

第三节 低碳产业创新系统 ……………………………… 51

第四节 协同创新网络与区域竞争力的耦合机制 ……… 61

第三章 低碳产业集群协同创新要素与环境 ………………… 65

第一节 有关经济增长的理论 …………………………… 65

第二节 驱动低碳产业集群发展的要素 ………………… 71

第三节 资源优化组合驱动集群协同创新 ……………… 78

第四节 低碳产业集群协同创新的环境 ………………… 82

第四章 低碳产业集群协同创新网络形成机理 ……………… 86

第一节 低碳产业集群协同创新网络构成 ……………… 86

第二节　低碳产业集群协同创新主体关系的博弈分析 ………… 106

第五章　低碳产业集群协同创新网络运行机制 ………………… 116

第一节　市场机制 ……………………………………………… 118

第二节　政府调控机制 ………………………………………… 125

第三节　集群治理机制 ………………………………………… 134

第四节　协同创新机制 ………………………………………… 137

第六章　低碳产业集群协同创新实证分析：以新兴服务业为例 …… 148

第一节　新兴服务业集群的协同创新机制 …………………… 148

第二节　企业间关系博弈分析 ………………………………… 151

第三节　企业与院校关系博弈分析 …………………………… 157

第四节　企业与政府关系的博弈分析 ………………………… 163

第五节　本章小结 ……………………………………………… 167

第七章　我国低碳产业集群的发展策略 ……………………… 168

第一节　新常态下我国低碳产业集群的发展模式 …………… 168

第二节　枣庄锂电产业集群协同创新案例分析 ……………… 177

第三节　我国低碳产业集群发展的对策与建议 ……………… 197

第八章　结论与展望 …………………………………………… 204

参考文献 ………………………………………………………… 208

后　记 …………………………………………………………… 225

第一章
绪 论

第一节　选题背景与研究意义

一、选题背景

产业集群是工业化进程中的普遍现象。在工业发达国家，一般来说，竞争力强的产业，通常采取集群发展模式，而人们往往一提到某类产品，就会想到某个城市。比如在美国，说到汽车，人们会想到底特律；提到飞机，人们会想到西雅图；而谈到高科技产品或 IT 技术，人们会想到硅谷；等等。欧洲、日本也大体如此。哈佛大学教授波特通过对十个工业化国家的考察之后，认为一个国家的产业竞争力，集中表现在这个国家以集群形态出现的产业上；由此可见，产业集群现象是经济发达国家发展的普遍特征。随着我国市场经济体制的逐步建立和完善，特别是 20 世纪 90 年代以来，随着工业化和对外开放步伐的加快，我国东南沿海省市的产业集群经济蓬勃发展，特别是广东省和浙江省的产业集群发展迅猛，表现出极强的增长创新能力。目前，集群产业经济已经扩张到全国，全国大多数省份都有特色产业集群，这些集群都表现出极强的增长活力、市场竞争力和研制创新能力，为当地的区域经济增长做出了重要贡献。

创新是产业集群发展的动力，是产业集群的生命线，产业集群要想保持持续竞争优势，必须具备强大的创新能力，因此，创新是贯穿产业集群生命周期全过程的重要命题。波特（1998）认为如果一个集群在一段时间内不能在主要的新技术领域构筑其创新能力，它就会丧失竞争力而导致失败。任何集群的出现首先与创新是内在相关的。随着产业集群的发展，集群所处区位以及外部环境都会发生变化，从而对集群可持续发展产生挑战。成功地维持集群的创新条件对于避免集群衰退以及集群的最终存活非常重要。创新能力将成为集群可持续发展的重要条件。国家创新系统包括企业、研发机构、大学和其他教育培训机构、金融部门和政府等。这些要素之间的高效互动保证了国家创新系统的创新绩效。在经济全球化的背景下，企业的创新过程依赖于国家创新系统。产业集群的创新发展与国家创新体系的建设密切相关。集群中的创新载体，包括科技企业孵化器、产业技术创新联盟、创业风险投资机构、公共技术服务平台等都是支撑集群发展的创新组织，构成了产业发展的创新环境及有利于企业成长壮大的创新网络，形成服务于企业的公共服务平台，也是集聚创新资源、汇聚创新资本、吸引创新人才有效的组织形态和空间形态。创新载体建设体现了产业集群的功能与特征，有助于增强产业集群的活力，形成创新政策的杠杆，支撑国家创新系统的和谐及可持续发展。

产业集群创新经历了四个典型的阶段，同时这一发展过程也是从产业集群创新一步步过渡到区域协同创新网络的集中体现：第一阶段是创新技术推动型，先有技术再有市场，认为市场能够接纳已经研发出来的技术。第二阶段是创新需求拉动型，先有市场再有技术，市场的创新需求是技术发展的风向标。第三阶段是技术和市场联动型，这一观点是各创新主体"协同"运作理念的雏形，技术研发和市场需求共同作用，推进创新发展。第四阶段是创新网络范式，创新主体进一步多样化，通过创新网络的形式实现创新信息的快速传递和创新资源的高效配置。

当前，我国经济发展处于工业化发展的中后期，以重化工业为主导的工业化进程大量消耗资源和能源，造成对国际资源、能源市场的严重依赖，而且碳排放量位居世界第二，据统计，我国碳排放的70%来自产业经济部门，实现产业低碳转型发展是我国未来经济发展的一项重大而艰巨的任务。在我国经济发展进入新常态的背景下，绿色、低碳发展已成为全社会的共识。据麦肯锡报告预测，从目前到2030年，我国将掀起一场"绿色革命"，包括绿色发电、绿色交通、绿色工业、绿色建筑以及绿色生态系统五大领域。绿色经济是指以资源节约和环境友好为主要特征，以经济绿色化和绿色产业化为发展方向，包括低碳经济、循环经济和生态经济在内的经济发展模式。发展绿色经济有利于转变我国经济高能耗、高物耗、高污染、高排放的粗放发展模式，有利于推动我国经济集约式发展和持续增长。改革开放以来，产业集群的发展推动了我国经济高速增长，但是这种发展是建立在投入大量资源和污染环境的基础上，使有限的自然供给能力和生态环境承载能力日渐困窘，经济发展同人口、资源、环境之间的矛盾凸显。实现产业集群的低碳转型以及低碳产业集群的协同效应是实现环境保护、绿色生态和可持续发展的要求。以现有资源和技术水平为前提，形成以环保、生态、循环、低碳、健康和持续为目标的绿色经济而取得区域发展优势的能力，是绿色经济的发展现状及其潜力的综合表现，是低碳经济、生态经济、循环经济的内在体现。通过低碳产业集群的协同创新网络的高效运行和产业结构优化升级，达到发展绿色经济，摆脱依赖高污染能源的传统发展模式，实现区域经济包容性增长的目的。

二、研究意义

（一）理论意义

把协同论、低碳经济理论引入产业集群协同创新及转型升级研究，为提升产业集群创新网络绩效、增强区域竞争力提供了新的研究视角和思维模式，可以进一步完善低碳产业集群运行及区域产业竞争力形成理论，同时，为我国高新技术产业及战略性新兴产业集群创新能力和竞争力的提升提供重要的参考和借鉴。

产业集群作为世界范围的重要经济现象，有力推动了区域经济的发展，其理论研究也属于学术界探讨的热点问题，低碳产业集群作为区域经济的一种重要发展模式，显示了强大的生命力和经济活力。20世纪90年代以来，西方学者围绕产业集群的形成和演化机理、产业集群竞争力与创新的关系、产业集群与经济增长的关系以及基于产业集群的产业政策制定和产业集群对区域经济增长影响的实证研究等方面展开了广泛研究，已形成了较为系统的理论体系。国内学术界在国外学者研究的基础上，针对我国产业集群的发展现状、特点与发展规律进行了全面研究。近年来产业集群创新问题逐渐成为国内学者的研究兴趣所在，主要集中在其作用、成因以及以硅谷、中关村的实际案例分析等研究上，尚未对低碳产业集群特别是低碳产业集群创新网络中的协同关系以及协同伙伴的选择问题展开深入的研究。创新是低碳产业集群的生命线，集群竞争优势的持续维持有赖于对创新能力的培育，而集群创新能力的大小又主要取决于集群内企业的创新能力和集群创新模式的合理性。集群创新网络主体的协同行为，能产生单独个体所无法实现的整体协同效应，使集群更易获得外部经济效应、降低创新成本和风险，促进互动学习等竞争优势，提升了集群整体的创新绩效。

区域绿色竞争力是基于资源优势理论、可持续发展理论、产业经济理论、绿色经济理论等多种学科理论相结合的研究，是区域竞争力理论的重要组成部分，拓宽了区域经济理论研究。发展低碳产业集群是提升区域绿色竞争力的有效手段。低碳产业集群的形成机理与运行机制的研究从产业集群与低碳经济角度对区域竞争力理论进行了补充，探讨了其内涵、构成要素、外部环境及资源配置方式等，将为传统产业集群的低碳转型发展提供参考，深化了集群经济发展理论。

本书在前人研究的基础上，以低碳产业集群为研究对象，研究集群创新的协同机理，以协同论视角从微观和中观层面构建低碳产业集群的协同创新网络，运用博弈论的方法，探讨集群协同创新网络中各行为主体的互动与创新绩效的关系，分析不同的协同网络对创新绩效的作用机理，从而进一步丰富低碳产业集群创新理论的研究内容。通过分析低碳产业创新系统模型及各子系统的结构与运行，找出了各子系统的相互关系。根据对低碳产业集群协同创新要素、主体、环境、资源配置方式的分析，找出低碳产业集群的形成机理及运行机制。结合低碳产业集群典型案例的分析，论证协同创新网络对低碳产业集群发展的重要意义，从而发展了协同创新理论的应用领域。

（二）现实意义

随着市场竞争程度的加剧和经济全球化步伐的加速，低碳产业集群获取竞争优势的源泉已经向协同创新能力和应变速度转变。以各类科技园区为载体的低碳产业集群聚集了大量高新技术企业，是创新活动密集区，最具创新意识和竞争力，也是国家和区域创新体系的重要组成部分。众所周知，美国的硅谷和128公路都属于低碳产业集群，但硅谷的高科技发展却遥遥领先于128公路。Saxenian 在其研究报告《地区优势：硅谷与128地区的文化与竞争》一书中提出硅谷是"合作和竞争的不寻常混合体"，硅谷的成功在很大程度上依赖于硅谷相互结网、相互依存的协同网络体系。在我国，高新技术产业集群发展的时间较短，正处于不断成长和完善的时期，存在"重聚集、轻联合"、研发能力弱等问题，还没有形成坚实稳固的创新机制。本书应用协同理论对低碳产业集群创新问题进行探讨，有助于使聚集企业形成网络型的互动关系和既竞争又合作的协同关系，通过协同创新行为提升创新绩效，并植根于当地，建立利于创新的集群环境，获取持续竞争优势。低碳产业集群协同创新网络的研究对探索低碳产业集群创新绩效提升和产业竞争力具有非常重要的现实意义。通过区域低碳产业集群转型升级的研究，为区域经济的发展提供更好的现实指导，推进区域经济的可持续发展。绿色低碳发展可以有效地把保护生态环境和促进经济发展转化为一个有机的整体，整体内部互相促进、协调发展，保证资源的高效利用，改变过去以高污染、高消耗、低产出为特征的粗放型经济发展模式。

第二节　研究内容与思路

一、研究内容

本书以国内外学者已有的研究成果为基础，主要从协同创新网络及低碳经济的视角，研究产业集群协同创新能力与低碳转型的关系，共分为八章：

第一章为绪论。主要介绍本书的选题背景与研究意义，研究思路与方法，同时指出本书可能的创新之处。

第二章为产业集群、低碳经济及协同创新网络概述。本章首先对产业集群与低碳经济、低碳产业及低碳技术的相关概念进行说明，指出了产业集群与低碳经济的融合是时代发展的必然，并阐释了产业集群低碳升级的内涵，传统产业集群与低碳产业集群的比较；然后对协同创新的内涵、体系框架构成及作用机制进行了比较深入的分析，从而为后续研究产业集群协同创新及低碳转型发展奠定了理论基础；最后，对低碳产业创新系统的概念、特征、组成要素、结构模型与运行机制等进行了全面系统分析。

第三章为低碳产业集群协同创新的要素及环境。本章首先系统回顾经济增长理论的演进，对经济发展中各种生产要素作用进行归纳梳理。以边际收益递减和递增为标准，将资源要素区分为一般要素和创新要素，并对两类要素的特点进行对比分析，重点研究各种要素在低碳产业集群升级和协同创新中的作用，以及协同创新过程中各种要素之间的组合关系。然后根据要素的关系和组合方式的不同，从供给、需求及资源配置三个方面实现要素的优化组合，从而促进产业集群的转型升级。最后对低碳产业集群协同创新环境从宏观与微观、内部与外部以及社会文化环境、市场法制环境、技术创新环境、政务环境等多角度分别进行分析，说明区域创新环境在集群协同创新中发挥的作用。

第四章为低碳产业集群协同创新网络形成机理。首先运用集群网络理论介绍低碳产业集群网络主体的构成，并分析各创新主体在协同创新中的功能定位、动力来源和能力构成。接着对各主体之间的关系进行全面分析，以企业为核心，从产学研合作、合作创新、区域治理和知识流动等维度，分析创新主体间的互动协同关系。分析中运用了博弈论的方法，对协同创新主体的不同行为与收益关系进行了全面探讨；

第五章为低碳产业集群协同创新网络运行机制。本章包括两个方面内容，一是介绍低碳产业集群的三种资源配置方式，即市场机制、政府调控机制以及集群治理机制，分别阐述每一种配置方式的定义、作用及具体运行方式；二是分析了低碳产业集群协同创新网络的构成及其运行机制，根据协同创新网络主体的关系，指出了低碳产业集群协同创新网络运行的条件。

第六章为低碳产业集群协同创新实证分析：以新兴服务业为例。低碳产业集群通过协同创新，能够极大提高集群的运行效率，降低交易成本，推动区域经济的绿色转型发展。本章以新兴服务业为例，运用博弈论的方法分析低碳产业集群内部各主体协同创新的形成机理。新兴服务业是指伴随着信息技术的发展和知识经济的形成、伴随着社会分工的细化和消费结构的升级而产生的新行业，或者运用现代化的信息技术、在新业态和新的服务方式作用下改造提升传统服务业而产生的，向社会提供高附加值、满足人们高层次和多元化需求的服务业。包括金融服务、房地产、文化消费、旅游休闲、物流、信息咨询、中介、社区、会展等行业。按照低碳产业的定义，新兴服务业都属于低碳产业。本章主要针对集群企业间以及企业与院校间进行博弈分析，结论显示：可以通过改善协同创新方式、加强合作方信息交流等途径提高协同效应系数；增加协同创新合作次数；通过建立良好的协同创新机制和环境提高激励因子；改善投入份额比例；提高企业间协同创新的意愿等方式来促进企业间的协同创新。

第七章为我国低碳产业集群的发展策略。本章首先针对我国经济发展新常态的实际，说明了新常态下我国低碳产业集群的发展机遇以及低碳产业集群的发展模式选择。然后以山东枣庄锂电新能源产业为例，从全球价值链和集群网络两个维度介绍产业现状和特点，分析了集群协同创新存在的问题，并从创新主体、创新资源、创新机制和创新环境等方面提出了低碳产业集群协同创新的战略举措，体现了理论与实践的统一。最后提出我国低碳产业集群的发展对策与建议，包括转变经济发展理念、大力发展低碳产业、推动低碳产业集聚等。

第八章为结论和展望部分。对本书的主要观点进行了归纳总结，并指出本书有待进一步研究的问题。

二、研究思路和框架

本书的研究思路和框架如图1-1所示：

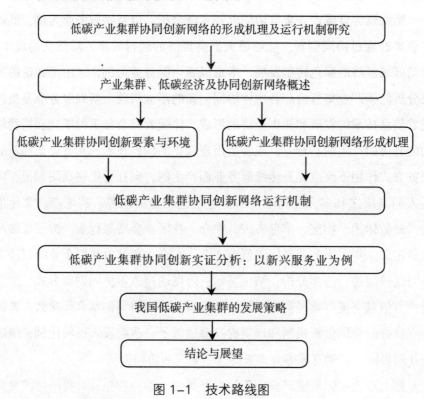

图 1-1　技术路线图

第三节　研究方法与可能的创新点

一、研究方法

产业集群是一个由各种要素构成、与外界环境互动联系的复杂动态开放的系统，其创新发展与低碳升级涉及多个层面。本书基于集聚经济理论、协同创新理论及低碳经济理论，遵循研究视角的多元化和研究方法的多样化。在具体研究方法上，主要表现在以下几点：

（一）实证与规范分析相结合的方法

目前，学界对于协同创新规律还缺乏较为权威的理论研究，多数研究将协同创新混同于创新或科技创新，还没有形成系统的理论分析框架，因而对现实经济系统的创新发展缺乏理论指导作用。本书在理论综述的基础上，从协同创新网络构成要素、协同主体关系、运行机制、资源配置方式等角度对协同创新网络的内涵和本质进行了界定，并借鉴国家创新系统、区域创新系统理论和低碳经济理论，构建起低碳产业集群协同创新体系和低碳转型发展的分析框架。在此框架下系统研究低碳产业创新系统的理论基础、内涵、构成要素、结构模型和运行机制，以及产业集群由传统发展为低碳集群的形成机理、低碳产业集群的运行机制，形成较为完整的理论框架。本书既注重理论研究，同时也关注理论在实践中的运用，通过对具体案例进行实证分析，将两种分析方法有机结合起来。

（二）跨学科、多角度系统分析的方法

研究内容的复杂性要求多学科理论的支撑。区域经济学、产业经济学、创新经济学、博弈论、制度经济学等为本书提供了理论依据。区域创新系统理论、产业集群理论、低碳经济理论等为本书提供了具体的理论工具和分析方法。系统分析的方法反映了客观事物的发展规律，是科学研究中普遍适用的理论工具。系统论认为，任何事物都是一个系统，是由相互联系、相互作用、相互制约的元素组成的具有一定结构和功能的整体。系统与外部环境之间通过物质、能量和信息交换的方式相互联系，达成动态平衡。系统分析的方法就是把研究对象看作具有一定要素组成、结构和功能的整体。本书在研究协同创新体系框架时，将协同创新看作一个系统，运用系统分析的方法研究协同创新体系的要素构成、相互关系和运行机理。

（三）微观与宏观相结合的方法

研究低碳产业集群发展中的协同创新机理，一方面必须研究集群微观主体（企业、高校院所、中介机构、政府等）的决策过程和行为模式，还要把低碳产业集群作为一个子系统放在区域经济、国家宏观经济乃至全球经济发展的视野下，研究外部环境变化对低碳产业集群创新发展的影响。

（四）普遍性和特殊性相结合的方法

协同创新体系框架的构建对低碳产业集群和区域经济的创新发展和绿色竞争力提升具有普遍指导意义。同时，不同经济系统处于具体的创新环境中，具有不同的创新要素和创新主体，有着各异的创新机制，又表现出创新系统特殊的运行特点。本书力求做到普遍性和特殊性相结合，首先阐释协同创新系统构成和作用机理，之后将其应用于低碳产业集群，研究具体的作用方式和特点。

二、可能的创新点

（一）研究视角上的创新

当前，学界在低碳产业集群转型发展和协同创新机制研究上缺少系统性，对现实和实践的解释和指导性不强。同时，全球各地产业集群低碳升级和协同创新发展的新实践、新探索为理论研究提供了新鲜的经验和有益的启发，也对理论创新和理论研究提出了新的要求。这些都为本书的进一步深化和创新留下了发挥的空间。本书主要的创新之点有以下几个方面：

在研究视角上，本书从低碳产业集群形成机理和运行机制的角度出发进行协同创新体系和规律的研究，并从协同创新的角度深化对产业集群竞争力的理性认识，从而将协同创新和产业集群竞争力两个研究领域有机结合起来，揭示了产业集群竞争力的根本途径、核心机制，协同创新的深刻内涵、一般要素构成和运行规律，不仅拓展了集群低碳发展的研究领域、丰富了协同创新的研究成果，而且贯通了协同创新与产业集群色竞争力的内在联系。

研究中综合运用了区域经济学、产业经济学、生态经济学、制度经济学、创新经济学等学科的有关成果，从不同角度开展研究，并进行了有效整合和集成创新，构建了以协同创新系统构成和作用机理为中心的理论框架，从而形成了协同创新和产业集群竞争力研究的新视角和新方法。

（二）理论建构上的创新

本书力求从协同创新角度深化对区域绿色竞争力的研究，就必须建构起协同创新的一般体系框架，系统的研究协同创新的内在规律。在理论综述的基础上，从多个维度阐释了协同创新的内涵，为深刻理解协同创新内在作用机理奠定了基础：从动态发展的角度将其看作一种经济过程，从系统论角度将其看作一个具有要素结构和关联作用的创新功能系统，从资源配置的角度将其看作一种新型资源配置方式，从经济发展的角度将其看作一种内生性经济发展模式，从指导实践角度将其看作一种战略。

在理论框架的建构上，本书以国家创新系统、区域创新系统和集群创新系统等理论为基础，运用系统分析方法，构建起适用于一般经济系统的协同创新框架模型，分析要素构成及其相互联系的作用机理，在理论上设置了一个动态、开放、发展的系统模式。理论分析框架包括系统构成要素的四个相互联系、相互作用的组成部分：创新主体、创新要素、创新机制和创新环境。通过创新主体的互动协同、创新资源要素的组合配置、创新机制联合驱动、创新环境的保障激励，实现了经济系统的各项创新功能和整体创新效能。由此可以将协同创新体系界定为一个多主体协同、多要素整合、多机制联动的开放式体系，通过实现创新资源优化配置，实现多个创新功能有效叠加，提升系统整体创新能力和竞争能力。理论框架为研究一般经济系统的协同创新模式和规律，指导制定协同创新战略提供了理论指导。

（三）研究成果的创新

根据经济增长理论，以要素边际收益差异为标准，将要素区分为创新要素和传统要素，并对两类要素的构成和作用进行对比分析。协同创新就是创新要素对传统要素进行改造提升并进行优化组合的过程，为优化配置要素资源，转变经济发展模式，实现协同创新提供了理论基础。

本书不仅阐述了协同创新体系的一般理论（内涵、基本框架和作用机理），而且解析了各构成要素的基本特征和运行机制。协同创新实现的创新功能不仅包括技术创新，而且包括知识创新、制度创新、商业模式创新、服务创新、金融创新等非技术因素和非技术创新，将协同创新与单纯的技术创新区别开来，丰富完善了现有创新研究的理论成果。通过将协同创新体系理论框架具体应用于产业集群协同创新中，弥补了产业集群协同创新机理研究的缺陷，对低碳集群协同创新的内在规律有了更加深刻的认识，从而将集群协同创新机理发展为协同创新发展模式下的内外结合路径，即由要素驱动发展模式转变为协同创新发展模式，加强集群网络治理并嵌入全球价值链，提高产业集群创新能力和竞争实力。该理论不仅能够对协同创新战略和协同创新政策进行科学系统地解释，还可以发现协同创新和产业集群竞争力间存在的深层次矛盾和问题，从而提出更为系统、针对性更强的政策措施等，发挥理论指导实践的作用。

另外在创新机制研究中，不仅突出市场机制和政府调控机制的资源配置作用，而且引入"第三种力量"网络治理理论，并界定了各种机制的作用边界领域和相互协作。在创新环境研究中，从区域创新环境、国家创新系统和全球价值链三个角度进行分析，既体现环境因素的丰富性，又强调了环境因素的层次性，具有较强的实践指导意义。

第二章

产业集群、低碳经济及协同创新网络概述

本章对产业集群、低碳产业及协同创新网络的相关概念分别进行理论综述，对低碳产业集群、协同创新和低碳产业创新系统的内涵进行界定。将两者结合起来，重点研究低碳技术、协同创新在产业集群低碳转型中的地位和作用，确立本书研究的逻辑起点，是进行理论建构的基石。

第一节　产业集群与低碳经济的融合

本节在介绍产业集群和我国低碳技术创新现状的基础上，指出传统产业集群升级为低碳产业集群的原因，分析我国低碳产业集群协同创新的必然性、升级路径和动力机制，厘清产业集群协同创新机理相关文献的研究现状及其存在的不足与缺陷。

一、产业集群

产业集群是一种世界性的经济现象。国内外学术界从不同的角度对产业集群进行了研究，但对产业集群并没有形成一个统一的定义。

对产业集群的阐述，最早来自英国新古典经济学家马歇尔（Alfred Marshell）1890 出版的代表作《经济学原理》一书。书中提出了产业区理

论，把大量相关的专业化中小企业在空间上聚集而成的特定地区称作"产业区"。产业区内的生产活动不是自给自足，而是劳动分工的不断细化，生产能力迅速提高，促使区域与外部经济空间建立持久和广泛的联系。

20世纪80年代中期，当时西方经济普遍衰退，一些社会学家重新运用产业区概念来解释在某些地区（如"第三意大利"、美国的硅谷等）却保持经济增长的有趣现象，从而开始了关于"新产业区"的讨论。新产业区的概念最早由意大利社会学家巴卡提尼（1978）在对"第三意大利"的研究中提出的。他认为新产业区是具有共同社会背景的人们和企业在一定自然地域上形成的社会地域生产综合体。后来，很多学者对新产业区进行了定义。如皮埃尔和赛伯（Piore and Sabel,1984）对意大利式新产业区赋予"灵活性"加上"专业化"的重新解释，新产业区被称之为柔性专业化区域或者弹性专精工业区。斯科特（Scott）是这样定义新产业区的，即根据合理劳动分工，生产商和客商、供应商以及竞争对手等在地域上结成网络（合作或链接），这些网络与本地的劳动力市场密切相连。派克和圣根伯格（Pyke and Sengenberger）认为新产业区是指有地理边界、以不同的方式生产及制造同一种产品、实行专业化分工协助的大量企业联合体，它是一个"社会经济综合体"，具有适应性和创新性两个特征。

波特最早明确提出"产业集群"（Industrial Cluster）的概念。他认为产业集群是指在某一特定产业内，互相联系的企业、高校和科研机构在地理上集聚。既包括提供零部件、产成品、机器设备的上游产品供应商，下游产品购买的厂商与顾客，提供互补产品的竞争对手，以及具有相关技能、技术或共同投入的其他产业的企业，另外它还包括提供专业化培训、教育、信息服务和技术支持的政府或非政府机构，如大学，标准制定代理机构，中介机构，法律服务机构以及贸易协会等。

波特之后，区域经济研究的欧洲学派的代表人物有欧洲创新环境研究小组，这些学者们用"创新环境"指代高科技和创新密集型中小企业集聚区，他们认为"集体学习"是"创新环境"的主要特征，是指区域内的创新主体（企业、研究机构和大学等）之间通过强大和稳定的创新协同效应，其实现途径包括新企业区内企业衍生、当地企业间的结网和互动以及人才在当地企业间的流动等。欧洲学派的"集体学习"概念使企业的地理集聚与创新相联系，开辟了产业集群研究的新天地。近年来，他们的研究方向与区域创新系统方面的研究有融合的趋势，后者一直致力于在地区层次上讨论有利于创新主体间互动的制度安排。

近年来，国内学者也展开了对产业集群的研究，他们从各自研究的角度对产业集群进行了定义。南开大学国际经济研究所的曾忠禄（1997）认为，产业集群指同一产业的企业以及该产业的相关产业和支持型产业的企业在地理位置上的集中。复旦大学博士仇保兴（1999）在其专著《小企业集群研究》中，借用威廉姆森的"中间规制结构"概念来解释集群，认为小企业集群是克服市场失灵和内部组织失灵的一种制度安排。"具体来说，小企业集群就是一群既独立自主又相互联系的小企业，在专业化分工和协作基础上建立起来的新型组织，这种组织的结构介于纯市场和层级两种组织之间，它比市场稳定，比层级组织灵活"。李新春（2002）认为，在一定意义上，产业集群是以企业家个人的关系网络为基础的地区性企业群体。

当然，除了以上几种关于产业集群概念的经典表述之外，国内外还有许多以不同称谓出现的定义，散见于相关文献中，比如企业集群、企业聚群、产业簇群、产业群、专业化生产区等等；而在产业界，我国浙江省俗称块状经济，广东省则称为专业镇经济，特色产业经济。

实际上，不管是产业区、新产业区、企业集群、企业聚群、专业镇还是产业集群，都只是研究的角度和出发点不同，在研究对象和研究内容上其实基本是一致的。但在所有这些概念当中，哈佛大学波特教授提出的产业集群概念相比较而言更具代表性、更完善。

综合以上学者对产业集群概念的描述，本书认为产业集群具有如下三个基本含义：（1）产业关联：群内企业存在着竞争与合作等各种联系，通过生产分工、物流、信息流等联结成网，否则只能称为企业集中区，而非集群区；（2）地理集中：集群企业往往集中于一个地区，这一地区可能小至社区，也可能大至整个国家，甚至跨国，但必须联结成片；（3）组织协同：除企业外，集群内还存在大量政府、金融、咨询等机构，他们都发挥着重要协同作用，更加有利于互相学习、不断创新。群内企业日益密切的协同合作也推动了社会资本的衍生和发展。总之，产业集群不仅是相关企业在一定地域的集中，而且是其他组织在地理位置的集中，其实质是一种基于生产分工的网络组织、学习创新组织和社会组织的融合。

二、低碳经济、低碳产业与低碳技术

（一）基本概念

"低碳经济"的概念，最早是在2003年英国公布的能源白皮书《我们能源的未来：创建低碳经济》中出现。现在，低碳经济被认为是一种新的经济发展模式，其核心是在市场机制的基础上，通过制度、措施的制定和创新，推动降低能耗技术、节约能源技术、可再生能源技术和温室气体减排技术的开发与应用，促进整个社会经济向着低能耗和低碳排放的模式转型。

对低碳产业的内涵，学者们分别从不同的角度对其进行了界定，主要归为以下几类：能源消耗和碳排放角度、低碳技术角度、产业部门分类角度、产业低碳化角度等方面。从能源消耗和碳排放角度，低碳产业有狭义和广义之分。狭义的低碳产业是指采用新技术提高能源利用效率，降低能源的碳排放强度，以致单位碳排放的产出较高或较之原来有所提高的产业集合体；广义来讲，具有低能耗、低排放、低污染特点的产业都可称之为低碳产业。从低碳技术角度，低碳技术是各种可使人类生产和生活过程中减少二氧化碳排放的技术总称，可应用于工业部门、建筑、交通部门的节能减排，也可应用于增强森林和耕地碳汇功能。因此，技术是低碳产业的重要驱动力。根据碳排放技术特征，低碳产业分为具有能源替代技术特征、天然低碳排放特征和高碳产业低碳化等三类产业。

从产业部门分类角度，低碳产业是一个新兴产业，多指知识密集型和技术密集型产业。低碳产业可划分为四大部分：一是碳含量较低的行业，包括可再生能源、新能源、现代服务业；二是高碳产业低碳化，主要是指经低碳技术改造的传统高碳产业；三是生产低碳技术的产业，包括碳捕获、碳封存、二氧化碳利用技术；四是碳交易行业，包括碳金融。从产业低碳化角度，低碳产业即是农业低碳化、工业低碳化和服务业低碳化。同时，也有学者分行业进行产业低碳化的研究，如制造业低碳化、电子信息产业低碳化、煤炭产业低碳化。综合以上研究发现，低碳产业内涵已具雏形，即在低碳经济框架下产业组织活动的集合。从产业组织过程看，可总结为产业低碳化和低碳产业化；从产业部门看，能源部门以实现能源清洁和清洁能源为目标、能源转化部门以提高能效为目标、传统产业部门以节能减排为目标；从技术角度看，则是低碳技术的开发与利用。

低能耗、低排放、低污染：低能耗是指企业生产经营过程中，单位产出的能源消耗数量少、效率高。主要包括三方面：一是能源开发部门的低能耗和高效率；二是能源转化部门的低能耗、高效率；三是能源利用部门的低能耗和高效率。低排放是指企业生产经营过程中，CO_2 等温室气体或其他有害气体的排放量较低，甚至零排放。主要包括两方面：能源生产和能源转化过程中的低排放、能源利用中的低排放。低污染是指企业生产经营过程中，排放到环境中的碳基污染物数量少、危害小，主要包括：对大气污染小、对水资源污染小、对土壤污染小、对整个生态环境污染小。

高技术、高附加值、高产业关联：低碳技术是低碳产业的基础，低碳产业的构建和发展都离不开先进的低碳技术。就碳捕捉和封存（CCS）技术来说，按照国际能源署（IEA）的测算，如果能在2050年实现全球二氧化碳排放减少目标，使用 CCS 技术，可贡献总减排量的 1/5；若不使用 CCS 技术，减排成本将增加70%。因此，低碳产业具有高技术的特点。低碳技术创新驱动低碳产业发展，促进了全要素生产率的提高，使低碳产业具有高附加值的特点。低碳产业的高产业关联性主要体现在以下方面：一是低碳产业涉及的行业部门多元，并且这些部门之间多有联系；二是低碳技术的开发利用连接了低碳产业的各行业部门，尤其是能源部门和传统产业部门；三是低碳服务业和碳金融业将低碳产业的其他部门联系起来，促使低碳产业中的行业部门形成有机的整体。发展低碳产业，重视提高碳生产效率，向低碳经济转型，将成为继工业革命、信息革命之后又一波对全球产业发展产生重大影响、重塑世界经济格局的强大力量。

建设具有低排放、低能耗、低污染特点的低碳经济发展模式，必然要求技术创新朝着节能、减排、增效的方向发展。由于这种技术的创新以低碳为方向和目标，因此这种技术被我们称为低碳技术，它是实现低碳经济的内在动力。低碳技术主要包括三大类型：（1）减碳技术，包括电力、交通、建筑、冶金、化工、石化等高能耗、高排放领域的节能减排技术，煤的清洁利用、油气资源和煤层气的勘探开发技术等；（2）无碳技术，包括核能、太阳能、风能、生物质能、潮汐能、地热能、氢能等可再生能源技术；（3）去碳技术，包括碳捕获与封存技术，以及温室气体的资源化利用技术。

在我国，低碳产业发展的重点主要包括：（1）可再生能源、核能等新能源；（2）以电动汽车为代表的新能源汽车；（3）工业节能领域，如钢铁、有色金属、化工、建材等重点能耗工业领域；（4）建筑节能领域；（5）碳汇产业，如植树造林等。

（二）低碳技术创新

改革开放40年来，我国工业的技术水平有了很大的提高，技术创新能力也不断增强[①]。低碳技术创新是我国发展低碳经济的核心举措，重点依靠能够提高能源利用效率、实现清洁生产的低碳技术创新。低碳技术创新包括：（1）节能技术创新，主要是通过技术创新提高煤、石油、天然气等化石能源的利用效率，降低单位 GDP 的能耗；（2）新能源技术创新，主要包括太阳能、风能、生物能等新能源的开发与利用，减少使用化石能源，降低 CO_2 的排放量；CO_2 捕捉与埋存技术，在煤炭、石油等化石能源还是

---

① 金碚 . 中国工业的技术创新 [J]. 中国工业经济，2004（5）。

主要能源的条件下，除了提高能源的利用外，可选择的就是碳捕捉与埋存。尤为重要的是，自主创新技术的产生和发展需要系统对创新能力提供支持。因此，需要从系统的角度，整体全面地考虑低碳技术自主创新的问题。

低碳经济的发展，低碳技术创新往往会带来产业结构的调整，使以低碳技术为特征的产业成为低碳经济发展模式下的新兴产业。国家核心竞争力就是产业国际竞争力，在国际市场上，国家之间的竞争表现为各个国家的产业之间在国际市场上的实力较量，在低碳经济发展模式下，低碳产业是国家核心竞争力的重要来源，而低碳技术的协同创新将会对传统产业产生影响，也会催生新兴产业的产生，从而使原有的产业国际竞争力和国家核心竞争力发生相应的变化。

在信息化、经济全球化日益渗透的今天，低碳产业技术创新能力的高低可以说是一个国家能否立足于未来的以低碳经济为主导的世界经济的核心要素。基于此，我国要屹立于世界民族之林，承担起对世界经济贡献的重任，就必须强化科技的协同创新能力，从国家目标的层面有效推行协同创新战略。为此，为了应对经济全球化，我国必须要实施创新驱动战略。科技创新，特别是低碳技术的自主创新已越来越成为我国低碳经济加速发展的关键因素和主导力量，是实现我国经济可持续发展、人们生活质量持续提高的要求，也是在未来几十年中建立起我国国家综合竞争力的需要。

因此，低碳技术创新是破解结构不合理和增长方式粗放等国民经济重大瓶颈难题的必然战略选择。我国的发展必须体现国情和本国特色。低碳技术的发展和低碳产业的建立也必须有自己的明确方针、发展路径、政策导向和机制体制。对我们这样一个发展中大国来说，面对外部复杂的国际竞争环境，我们要独立自主，通过建立推进能源结构调整的低碳产业结构架构、促进增长方式转变，形成主要低碳技术基础。将低碳产业的技术自主创新作为国家战略，使产业结构调整和增长方式转变找到真正的切入点。因此，这不但是我国低碳经济与低碳产业发展战略的重大路径选择，也是我国经济发展战略和政策的重大突破。

（三）我国低碳经济发展面临的挑战

近年来，世界各国都将资源的开发利用作为重要的科技领域予以高度重视。一方面注重节能技术的开发与应用，并对设备进行技术革新；另一方面则大力开发新的替代能源。节能、国际能源界有专家称其为"第五能源"，水电、核电仍然是最有希望的能源，太阳能随着开发利用技术的突破将具有极大的竞争力。风能、生物能、海洋能、地热能、氢能等新能源的开发研究也取得决定性的突破。各国在探索符合国情的低碳经济与低碳产业发展路径的过程中，在重视低碳技术创新、开发利用新能源等方面取得显著的成就[1]。我国是一个经济总量庞大、经济结构非常复杂的发展中大国，又是一个坚持对外开放、积极参与国际竞争、国际地位不断提升的发展中大国[2]，因此，在国际社会中应承担应有的责任，特别是二氧化碳排放方面。我国低碳产业发展仍处于初级探索阶段，在全面推进低碳经济发展的过程中，需要对低碳产业科技自主创新的各种影响因素进行综合分析考虑，以期在未来低碳市场竞争中获得优势。为此，我们有必要对目前我国低碳产业技术发展所面临的制约因素与挑战做一定的梳理和分析。

（1）发达国家向发展中国家转让、转移低碳技术困难重重。从技术的角度来看，发达国家基于技术垄断及国家安全等方面的考虑，缺乏推动技术转让的政治与经济意愿，不但如此，他们还以保护知识产权为名、设置各种各样的技术标准与壁垒，想确保低碳竞争优势。发达国家通过主导国际节能环保标准的制定，迫使发展中国家以高昂代价进口其技术装备，限制和阻碍发展中国家的产品输出，实质是为了获得和保持因技术领先带来的垄断利润[3]。

（2）各大产业能源利用率低，节能减排形势严峻。从能源结构来看，在我国能源资源探明的储量中，绝大部分是煤炭，煤多、油少，天然气资

---

① Malerba F. Sectoral System of Innovation and Production. Amsterdam: Research Policy, 2002,(32).

② 胥和平. 以自主创新理解发展 [J]. 中国软科学，2006（3）.

③ Borensztein E J, De Gregorio, Lee J-W. How Does Foreign Direct Investment Affect Economic Growth? Journal of International Economics, 1998,(45).

源不足制约着我国的低碳发展进程脚步。资源条件决定了在未来一段时间内煤炭这一"高碳"能源仍然是我国主要应用能源的事实。其次，从单位资源产出效率来看，我国只相当于美国的十分之一，日本的二十分之一，德国的六分之一。单位标准煤的产出效率相当于美国的28.6%，欧盟的16.8%，日本的10.3%。今天，虽然节能减排已经逐渐成为全社会共识，但是，在落实方面仍然存在很多问题。现阶段我国正处于城镇化、工业化的高速发展时期，国民经济中的一些支柱产业大部分是高能耗的部门，淘汰落后产能、加快产业升级存在难度。

（3）以工业为主的产业结构制约着低碳经济发展。2017年，我国第一、第二、第三产业比重为8 : 40 : 52，工业部门在国民经济中所占的比重仍然较大。由于工业部门耗能水平高，其能源消耗量占我国能源消费量的70%以上，又是碳排放的主要来源，加上我国工业生产技术水平总体较为落后，加重了我国经济的高碳特征。在高耗能的第二产业中，以建材、钢铁、电力、石化为代表的高污染的重工业又占据了较大的比例，由于技术和设备落后，资源利用率很低，能耗水平居高不下，导致我国能源利用效率明显低于世界发达国家水平。由于这些高能耗行业的快速发展，导致近年来我国经济中出现了比较严重的产能过剩。

（4）整体落后的低碳技术水平制约了低碳产业的发展。发展低碳产业关键是要具备先进的低碳技术，不管是提高能源利用效率、降低能源消耗，还是开发利用可再生能源、优化能源结构，都依赖于先进技术的研究开发与推广。我国产业由"高碳"向"低碳"转变的最大困难是整体科技水平比较落后，技术研发能力有限。以风力发电为例，虽然风电是我国发展最快的新能源行业，并且已具有1.5MW以下风机的整机生产能力，但是一些核心零部件，如轴承、变流器、控制系统、齿轮箱等的生产技术难关却迟迟未能攻克。尽管《联合国气候变化框架公约》规定，发达国家有义务向发展中国家提供技术转让，但实际运作中困难重重，发达国家经常以各种理由拒绝应当承担的技术转让责任。为此，低碳产业技术自主创新对未来我国经济发展而言具有非常重要的意义。

（四）我国低碳技术创新面临的困境

目前，与发达国家相比，在低碳产业技术创新水平方面，我国低碳技术创新能力还有很大差距，与低碳经济与低碳产业的发展需求还很不适应。在宏观层面，由于技术创新能力不足，我国低碳经济发展还没有完全转入科学发展的轨道，经济增长主要依赖资源，特别是煤炭的高投入和高消耗。经济粗放、产业技术水平低，高投入、高消耗、高污染、低产出、低效益的粗放型增长方式导致经济运行成本大幅上升。造成了严重的环境污染和生态破坏，使我国实现可持续发展面临巨大的资源和环境压力。

在微观层面，缺乏自主核心技术成为制约低碳产业发展的重要瓶颈。根据联合国开发计划署公布的《2010年中国人类发展报告——迈向低碳经济和社会可持续未来》的数据，我国未来要想实现低碳经济目标，至少需要60多种骨干技术支持。而这60多种技术里面有42种技术我国目前并不掌握其核心技术。也就是说，70%的减排核心技术需要"进口"。在长期对外合作中，我国企业较注重对生产设备和生产线的引进，忽视了对核心技术的引进、消化吸收与自我创新，而发达国家掌握的核心技术很难通过强制转让专利、CDM项目等方式转让至发展中国家。核心技术的缺乏必然导致低水平的重复建设，资源浪费与国际竞争力低等因素势必制约我国低碳产业的发展。因此，我国要实现低碳技术领域的自主创新，还有很多困难：

（1）低碳产业技术创新总体水平不高。低碳产业发展中，科学技术是技术创新的源泉，一个国家科技水平的高低直接制约了其技术创新能力。目前我国科技水平还比较低，直接影响了低碳产业技术创新的总体水平。

就R&D投入而言，我国R&D经费增长较快，但投入强度过低。研究与发展（R&D）经费是反映一个国家科技投入的重要指标，也是提高国家综合国力和竞争力的保证。由于工业各行业缺乏自主创新能力，因而生产的产品技术含量低、能源消耗高、附加值相应不高，价格竞争愈演愈烈，造成我国工业部门的经济效益普遍低下，并且这种状况长期得不到扭转，严重限制了我国企业的积累能力、投资能力和 R&D 的投入能力。

在技术研发人才方面，虽然我国从事研发活动的人数与发达国家接近，但每万人中从事研发活动的人数与发达国家相差悬殊。我国高科技研发人员不仅绝对数量少，而且他们大多集中于科研机构和高等院校，与企业的联系松散，人员明显偏少。美国企业 R&D 的人员占75%，英国为69%，日本为65%，韩国为55%，我国只有33%。而且由于人才培养条件和激励机制不完善等原因，我国企业对高技术研发人员的吸引力不够，造成科技人才纷纷外流。同时，开发创新并不是围绕市场需求展开，使得技术的开发应用与生产脱节。

就科技论文和专利水平而言，论文和专利数量是反映一个国家科技水平的重要标志。虽然近年来我国科技论文总数有了较大幅度的增长，在国际上的排名也进步很大，但是在世界范围来说，我国科研的影响力还十分有限，这与我国 R&D 人才数量严重不符，由此也说明了我国 R&D 人员的自主创新能力和创新意识还不够强。

（2）我国企业的技术自主创新机制不完善。企业是市场活动的主体，健全的低碳技术自主创新机制有利于推动"高碳"产业向"低碳"产业转移，实现产业结构高级化，是实现企业自主创新目的、增强持续自主创新能力的保证。但现阶段，我国企业的自主创新机制还不能适应我国低碳技术自主创新形势的发展。

就企业对研究开发的重视程度而言，目前我国2400多家国有大中型企业中，有2/3的企业没有自己的 R&D 机构，在我国512家重点企业中，有1/3的企业研究开发机构职能还不健全。另外，我国大中型企业的研究开发经费很低，只占其销售额的0.39%，即使是高技术企业也只占0.6%，产学研难以形成合力。国际经验表明，这一比例若低于3%就意味着该企业没有竞争力。

就企业自主技术创新动力而言，企业的自主技术创新动力有外在动力和内在动力，外在动力来源于技术本身的推动作用和市场、政府的激励，内在动力来源于高收益的追求。很多企业缺乏技术创新的动力，还没有真正成为技术创新的主体，致使企业不能实现良好的创新发展。

就企业的自主技术创新体制而言，科技与经济结合问题还没有很好解决，激励创新的政策支持环境还有缺陷，如在产学研如何结合、科研成果如何转化等方面仍缺少具体可操作的配套政策措施，造成政府研究机构、大学与企业之间的研究与产业化过程的合作性不强，难以将科技成果转化为经济优势和市场优势。

（3）政府的自主技术创新机制和政策环境不佳。在我国的低碳技术自主创新中，从政府的角度看，还有很多不完善和有待改进的方面。僵化的行政区划导致各行政主体各自为政，只考虑自身和部门的利益，分工过于专业化，客观上阻碍了低碳技术与低碳经济的结合，使低碳技术的创新对低碳经济发展的贡献率大打折扣。

就低碳技术自主创新资源的体制与机制的整合与调动而言，我国由于缺少宏观上的统筹协调，导致创新资源的能量得不到释放，研究开发各自为战，研究开发工作低水平重复开展、效率不高。此外，在人才管理制度方面，虽然高校和科研院所聚集了大量的研发人员，但是企业科研人才尤其是高级研究人才严重不足。最后，在人才考评激励制度方面，不重视科研人员在科研开发和推广方面的工作实绩，不能有效调动科技人才的创新激情和主观能动性。

就建立创新型国家所需要的创新体系而言，产学研结合链尚未形成，科技与生产之间缺乏紧密联系，使企业缺乏较强的科研开发力量而无法在技术上实现自主创新与突破，同时也造成科技资源严重浪费，大量科研成果难以转化为现实生产力。此外，我国科技创新市场体系发展滞后，科技成果的转化机制不完善，成果转移渠道不畅，直接影响和制约着科技成果的转化。

就企业自主技术创新的政策环境而言，在宏观政策上，面对市场机制对企业自主技术创新活动调节存在的缺陷，国家还没有制定有效的技术创新支持政策。同时，在采购我国自有科技创新技术和产品、鼓励和保护本国企业自主创新方面还远远不够，由此影响到产学研的结合和企业自主技术创新能力的提高。

三、由传统产业集群到低碳产业集群

我国作为一个人口数量众多的发展中国家，工业是推动我国经济快速增长的主体产业，能源需求快速增长，"富煤、少气、缺油"的资源禀赋使煤成为我国的主要能源，同时，因受制于生产力发展水平，单位 GDP 碳耗用量比较高，与日本、英国等经济发达国家相比，存在一定的差距，所面临的能源安全与气候变化的压力也更大，因而，推行低碳经济发展模式不仅是实现我国经济的可持续发展和人们生活质量持续提高的要求，也是在未来几十年中建立起我国国家综合竞争力的需要。

低碳经济已经成为各国经济发展的必然选择和方向，低碳产业也理应成为低碳经济的重要组成部分和支柱，其兴起和发展不仅是社会分工的产物和科技进步的结果，而且也是人类社会实现可持续发展的内在要求。

我国在向低碳经济发展模式的转变过程中，重点应该放在低碳产业的发展，具体原因如下：第一，国家核心竞争力就是产业国际竞争力，在国际市场上，国家之间的竞争表现为各个国家的产业之间在国际市场上的实力较量[1]，在低碳经济发展模式下，低碳产业是国家核心竞争力的重要来源。迈克尔·波特用"钻石体系"分析了一个国家为什么在某种产业上具有国际竞争力，他认为生产要素、需求条件、相关产业和支持产业的表现、企业战略、结构和竞争对手等四大关键要素是一个国家产业国际竞争力的最重要的来源[2]。低碳经济作为一种新的经济发展模式，要求经济发展最大限度地减少对化石能源的依赖，实现能源利用转型和经济转型，必然

---

[1] 林善浪，吴肇光．核心竞争力与未来中国 [M]．北京：中国社会科学出版社，2003．
[2] 迈克尔·波特．国家竞争优势 [M]．李明轩，邱如美，译．北京：华夏出版社，2002．

会带来能源结构、产业结构、科学技术、贸易结构以及消费方式等方面的一系列变化；低碳技术的开发与应用会对传统产业产生影响，也会催生新兴产业的产生，以上种种变化都会引发"四大关键要素"的改变，从而使原有的产业国际竞争力和国家核心竞争力发生相应的变化。特别在低碳经济发展模式下，因产业国际竞争规则的改变和"碳标签"的兴起，在国际市场上只有低碳产业才能获得竞争力，也只有低碳产业才能给一国带来持久的核心竞争力。第二，技术创新是低碳经济发展的核心，企业是低碳技术创新的主体，而低碳产业为企业低碳技术创新提供了良好的平台。在现代社会，企业是技术创新的主体，但企业的行为受到众多因素的影响，包括制度与组织网络、基础设施以及知识的创造与传播过程等等，成功的技术创新不仅来源于企业内部不同形式的能力、技能之间多角度的交流，同时也是企业与它们的竞争对手、合作伙伴以及其他众多的知识生产和知识持有机构之间互动的结果。由此可见，低碳技术的创新不可能由单一企业来完成，企业只有在低碳产业组织环境下才能很好实现低碳技术创新。此外，任何一个企业都只是产业链中的某一环节，其所进行的低碳技术的创新必须能适应上游企业和下游企业的需求，与上下游企业的产品生产相协调，因此，只有将企业低碳技术创新置于低碳产业组织环境下才获得成功的创新。第三，低碳经济的发展和低碳生产力的提高的动力源自具有竞争优势的低碳产业及其低碳产业集群。一国低碳经济的发展层次和低碳生产力的水平是植根于该国低碳产业和低碳产业集群的表现，也是该国许多低碳产业发展的综合表现，特别是具有竞争力的低碳产业的表现。具有竞争力的低碳产业会吸引经济资源、生产要素等流入该领域或相关产业，同时形成一大批专业化分工的、相互关联的企业、供应商、专门化的制度和协会集结在一定区域，最终必定推动具有竞争力的低碳产业集群的形成，"集群不仅降低交易成本、提高效率，而且能够改进激励手段，创造出品牌、专业化分工、知识分享等优势。更重要的是，集群能够改善创新的条件，加速生产率的成长，也有利于新企业的形成"，而正是众多这样具有竞争力的低碳产业集群推动着低碳经济的发展和低碳生产力的提高。

低碳产业集群是指通过技术创新、制度创新等协同作用，使产业集群实现清洁能源结构和提高能源效率。由于低碳经济和产业集群对我国经济发展的巨大作用，发展低碳产业集群对我国实现低碳经济目标有着极为重要的意义。低碳产业集群与传统产业集群相比，它们在指导理念、基本假设、资源利用、发展模式和核心竞争力方面都有很大的差别（见表2-1）。传统产业集群发展的指导理念主要是基于追求集群企业利润的增长，而低碳产业集群的基本指导思想是可持续发展，集群企业在获得经济效益的同时，实现经济、社会和生态的和谐统一；传统产业集群以经济人和社会人作为基本假设，而低碳产业集群认为企业是一个将经济人、社会人和生态人结合起来的复合系统；传统产业集群遵循"高投入、高排放、低产出"的资源利用方式，而低碳产业集群强调"低投入、低排放、高产出"；传统产业集群的发展模式是为"资源—产品—污染排放"，而低碳产业集群则为"资源—产品—循环利用"，强调资源再生和新能源的利用；传统产业集群的核心竞争力主要是基于所有的人力、物力资源创造出最佳的产品或服务价值，而低碳产业集群主要是突出其绿色竞争力，注重产品或服务的低碳和生态特征。

表 2-1 低碳产业集群和传统产业集群的差异比较

类别	传统产业集群	低碳产业集群
指导理念	企业利润增长	可持续发展
基本假设	经济人、社会人	经济人、社会人、生态人
资源利用	高投入、高排放、低产出	低投入、低排放、高产出
发展模式	资源—产品—污染排放	资源—产品—循环利用
核心竞争力	传统竞争力（产品或服务经济价值）	绿色竞争力（低碳、生态）

资料来源：王欢芳 胡振华（2011）

第二节　协同创新网络的基本理论

一、协同创新网络的界定

"协同"（synergy）一词来源于协同学，于20世纪70年代由德国斯图加特大学教授 Haken 提出。他指出，任何系统均依靠有调节、有目的的自组织过程，使千差万别的子系统协同作用，并产生新的稳定有序的结构，进而提出系统协同学思想，创立了协同学理论[①]。最早将"协同"概念引入企业管理领域的是美国战略管理学家 Ansoff，他将协同作为企业战略四要素之一，指出基于协同理念的战略有助于企业在开展多元化业务时通过人力、设备、资金、知识、技能、品牌、关系等资源共享来降低成本、分散市场风险、实现规模效益[②]。Freeman 在提出"国家创新体系"概念时，将"协同"与"创新"组合在一起进行研究，指出创新网络的主要链接机制是企业间的创新合作关系。陈劲等（2012）认为，协同创新是一种更为复杂的创新组织方式，其关键是形成以大学、企业、研究机构为核心要素，以政府、金融机构、中介组织、创新平台、非营利性组织等为辅助要素的多元主体协同互动的网络创新模式，通过知识创造主体和技术创新主体间的深入合作，产生系统叠加的非线性效用。楼高翔（2009）认为，企业之间开展协同创新必须具备一定条件：首先是产业集聚条件，只有在地理上接近，交易成本低于自主创新或合作创新的收益才有协同创新的必要；其次是创新项目在技术和经济上符合要求。一般来说，技术密集型和技术要求复杂的项目更适合协同创新；最后是创新主体间的关系条件，即协同创

---

① ［德］哈肯. 协同学引论［M］. 徐锡申等译. 北京：原子能出版社，1984.
② Ansoff H. Corporate strategy[M]. NewYork：McGraw — HillBook Company，1987：35–83.

新必须建立在相互信任的基础上。此外，大量研究证实，在产业集群环境下开展协同创新有助于提升企业绩效[①]。

协同创新的定义来源于两方面。一是安索夫（Ansoff，1965）提出的协同效应，他认为协同是战略的四要素之一，在一个系统内，如果各个相对独立的部分能够很好地分享、配合与协同，那么就能形成远超过单个功能总和的新效用。基于对协同理论的理解，有学者将协同创新的概念定义为：不同创新主体（国家、区域、企业、大学和科研院所）的创新要素有机配合，通过复杂的非线性相互作用产生单独要素所无法实现的整体协同效应的过程。二是来源于创新网络。弗里曼（Freeman，1991）认为，在企业开发新产品和新流程时，许多重要的信息和资源可能来源于企业之外，企业和外部主体进行交互作用，结成正式或非正式的网络关系，这些网络关系为不同主体间的合作研发提供了基础。通过整合、利用网络中的资源与知识，企业可以通过合作进行产品或服务创新，并且将新知识继续在网络中分享、提升，最终促进整个网络的发展。有的学者基于对创新网络的理解将协同创新定义为：企业在创新过程中，与相关企业、研究机构、大学、中介和政府等创新行为主体，通过交互作用和协同效应构成技术链和知识链，以此形成长期稳定的协作关系，具有聚集优势、知识溢出、技术转移和学习特征的开放创新网络[②]。

结合协同效应理论和创新网络理论，本书认为协同创新是指：在特定的引导和机制安排下，通过交互与协同作用使不同创新主体之间产生有机配合，发挥各自的能力优势、整合互补性资源，加速技术开发、推广、应用和产业化的过程。

从协同创新的内涵出发，协同创新网络首先是一个系统的概念。系统是由同一环境中相互区别、相互联系的若干要素所构成的复合体，主要包

[①] 楼高翔. 供应链技术创新协同研究 [D]. 上海：上海交通大学，2009.

[②] Freeman C.Networks of innovators: a synthesis of research issues[J]. Research Policy, 1991(20): 499-514.

含三项内容：为同一目的联系在一起的要素；系统的各个组成部分之间相互协调形成的系统结构；使该系统与其他系统相区别的系统特定秩序或内在机制。科学研究中的系统是对现实繁杂多样的复合体进行的简化和抽象。

系统论是研究一个由有序而又有相互区别的要素所构成的有机整体的方法论科学，强调对事物整体性的认识，从而克服了孤立的、机械的局部思维局限。根据系统论的观点，协同创新网络具有如下特点：

1. 协同创新网络是一个开放式的网络系统。"开放式"强调协同创新系统与区域环境、国家创新系统、全球价值链等的多重嵌入。网络系统是指创新主体之间以创新知识、技术、成果为纽带建立错综复杂的网络联系，通过互动联系实现经济系统的创新功能。

2. 协同创新网络是一个多层次、多主体、多要素、多功能的创新功能系统，具有创新主体多元性、网络联系多层次和创新要素集成性等特征。"多层次"强调"企业—产业—区域—国家"不同层次创新体系的有机衔接；"多主体"强调经济系统中企业、高校院所、中介服务机构和政府等多个主体的协同；"多要素"强调知识、技术、人力资本、制度、结构等创新要素与劳动力、自然资源、物质资本等传统要素等多重要素的整合配置。"多功能"指的是协同创新体系的创新效应构成的"技术创新—知识创新—服务创新—制度创新—协同创新"等多种创新功能的集成。

3. 协同创新网络是一个资源配置系统。创新是一个技术经济过程，协同创新体系是一个技术经济系统。协同创新体系发挥作用的过程是各种创新主体对要素资源进行新的组合，特别是创新要素对传统要素进行改造、替代、提升和整合，实现各种要素资源的优化配置以及各种创新功能，从而驱动经济增长。

4. 协同创新网络是一个利益协调系统。由于创新过程中，各创新主体资源优势、发展定位、价值取向和行为倾向并不趋同，在创新过程中目标相悖、利益冲突、需求不一等现象时有发生，形成了创新阻塞和障碍，影响创新效果和创新效率，甚至出现创新系统失灵。协同创新体系中各个利益主体关系的协调，需要创新制度和创新文化等创新机制发挥作用，实现各创新主体的协同，并进而实现各创新功能的集成，才能发挥系统效能。

总之，协同创新网络处于一定的创新环境之中，是一个由若干相互作用、相互影响的主体和要素构成，通过利益协调机制实现协同创新，并因而具有多种创新功能的复杂开放的系统。协同创新的实现，必定包含密切联系的很多环节和部门。因此，协同创新体系的构建应从协同创新的核心内涵出发，借鉴创新系统研究的现有成果，在把握协同创新运行规律的基础上，遵循全面系统的原则，科学地进行体系要素的选择和体系的构建。然而，协同创新作为一种发展模式或发展战略，要体现对现实经济发展的指导作用，就不可能面面俱到，而必须突出重点。因而，协同创新体系的构建还要遵循可操作性的原则。

二、协同创新网络的相关研究

（一）关于区域创新系统的研究

国家创新系统、区域创新系统等理论研究成果从不同角度和层面对协同创新体系构成和作用机理进行了研究，自然可以为协同创新体系的构建提供理论指导和支持。

国家创新系统（National System of Innovation，NSI）是一种有关科学技术嵌入经济增长过程中的制度性安排。核心是科技知识的生产者、传播者、使用者以及政府等公共服务机构之间相互作用形成的体系，并在此基础上形成的科学技术知识在整个社会范畴内循环流转和应用的良性机制。一般而言，国家创新系统由创新资源、创新机构、创新机制和创新环境等要素构成。其中，创新资源包括人才、资金、信息、知识等，是创新活动的基础；创新机构包括企业、大学、研究机构、中介机构和政府等，是创新活动的行为主体；创新机制包括激励机制、竞争机制、评价机制和监督机制等，是创新体系有效运转的保证；创新环境则包括创新政策、法律法规、文化等软环境，信息网络、科研设施等硬环境，以及参与国际竞争合作的外部环境等，是维系和促进创新的保障[①]。

　　区域创新系统是国家创新系统的具体化和区域化。最早提出区域创新系统理论的美国经济学家库克等（Cooke et al.，1966）认为，区域创新体系是一种区域性组织系统，主要由在地域空间上分工协作的生产性企业、高等院校和研究机构等构成，而这种系统支持并产生创新。黄鲁成（2003）认为，区域创新系统与特定的经济区域紧密相连，是由各种与创新有关的主体要素、非主体要素以及协调各要素关系的制度和政策的网络系统[②]。王核成和宁熙（2001）认为区域创新系统由特定区域内相互联系的多元利益相关主体参与组成，是以技术创新和制度创新为导向，以横向联络为主的开放性系统。其实质是在地理位置相近的经济主体之间通过各种方式形成的一系列长期交易关系的总和，这些关系既包括把各类行为主体连接起来的一般联系，还包括经济主体之间通过资产、信息、知识、人才、技术流动等建立起来的交互关系。对区域创新体系的构成要素及运行机理，国外学者进行了大量研究。帕特莫和吉卜森（Padmore and Gibson，1998）构建了由基础环境（Groundings）、企业（Enterprises）和市场（Markets）组成的区域创新 GEM 模型。其中，基础环境包括要素资源和基础设施结构，企业包括供应商和相关产业以及企业结构、战略和竞争，市场则分为外部市场和内部市场[③]。Cooke（2002）认为区域创新系统的构架包含聚集性经济、制度性学习、联合治理、相近性资本和互动性创新等要素。他还从知识应用及开发子系统、知识产生和扩散子系统、区域社会经济和文化基础、外部因素来构筑整个区域创新系统。总体而言，该理论从知识系统的角度分析了区域创新系统结构，揭示了创新系统的本质。Radosevic（2002）提出了区域创新系统4个层次的决定性要素框架模型，认为由国家、区域、行

①　胡志坚. 国家创新系统：理论分析与国际比较 [M]. 北京：社会科学文献出版社，2000.

②　黄鲁成. 区域技术创新系统研究：生态学的思考 [J]. 科学学研究，2003（2）：215-219.

③　T. Padmore, H. Gibson. modelling systems of innovation: A framework of industrial cluster analysis in region. Research Policy,1998,（26）

业和微观的要素互动，才会产生区域创新。Cooke & Schienstock（1996）认为区域创新系统由包括研究机构、大学、技术转移机构、商会或行业协会、银行、投资者、政府部门、个体企业以及企业网络和企业集群等创新网络与机构组成，机构之间以正式或非正式的方式发生联系和作用，从而使区域内企业的创新绩效不断提高[①]。

对于区域创新系统的构成要素和运行机制，国内学者也进行了大量研究。胡志坚、苏靖（1999）认为创新系统主要由主体要素、功能要素、环境要素组成。主体要素主要包含区域内的企业、高校科研院所、中介机构、政府等创新机构，功能要素主要包括技术创新、制度创新、管理创新以及服务创新等创新形式，环境要素则主要包括体制、机制、政府或法制调控以及基础设施和保障条件等[②]。王稼琼、绳丽惠（1999）等认为，区域创新体系由包括创新机构、创新基础设施、创新资源和创新环境在内的相互联系、相互作用、相互协调的要素有机组合而成[③]。王丽丽（2000）认为，区域创新体系包括技术创新、制度创新、管理创新、服务创新等创新功能。其中，制度创新是核心，技术创新是基础，管理创新是前提，服务创新是保障[④]。魏江（2004）认为区域创新系统包括创新主体、创新资源、经济要素三个维度。区域创新活动是创新主体、创新资源和经济要素在地理空间中在制度和政策的规制下，按照一定原则和方式相结合而产生的。其中，创新主体是系统中的能动性因素，创新资源是创新主体作用客体，经济要素是创新主体和创新资源联系的纽带[⑤]。陈德宁和沈玉芳（2004）等则认为，区域创新系统由区域内参与技术创新和扩散的企业、大学研究机构、中介服务机构和政府等组成，是一个为创造、储备、使用、扩散知

① Cooke P., Hans Joach M., Brazyk H. J., Heidenreich M. Regional Innovation Systems The Role of Government in the Globalized World [M]. London：UCL Press，1996.
② 胡志坚，苏靖. 关于区域创新系统研究 [N]. 科技日报，1999-10-16.
③ 王稼琼，绳丽惠. 区域创新体系的功能和特征 [J]. 中国软科学，1999（2）：53-55.
④ 王丽丽. 面向知识经济建设区域创新体系 [J]. 山西科技，2000（6）：7-8.
⑤ 魏江. 创新系统演进和集成创新系统构建 [J]. 自然辩证法通讯，2004（1）：48-54.

识、技术和新产品提供交流关系的网络系统。

综上所述，关于区域创新系统的要素构成，诸多专家学者从不同角度做了探讨：从创新与知识的关系看，区域创新系统由知识创新子系统、技术创新子系统、知识传播子系统和知识应用子系统等构成；从创新的结构上看，区域创新系统由创新主体系统、创新资源系统、创新基础系统和创新环境系统构成；从创新功能来看，区域创新系统由知识创新系统、技术创新系统、制度创新系统、服务创新系统、市场创新系统和管理创新系统等构成；从创新动态过程来看，区域创新系统包括研究与开发系统、创新引导系统、创新运行调控系统、创新支撑服务系统构成。

（二）关于创新主体协同创新的研究

Freeman（1991）较早指出协同创新是应对系统性创新的一种基本制度安排，其主要联结方式是企业间的创新合作关系。此后，越来越多的学者关注创新网络，并将其扩展到网络结构、网络合作和节点企业创新的关系等研究层面，Kash & Rycroft（2002）认为复杂产品系统创新需要由组织间的协作完成，这要求集成商、供应商、研发机构、最终用户以及政府管制部门之间建立起完善可靠的信息交流渠道，并以此构建有效的利益分配机制和行为约束机制。此外，Yang Dongsheng 等（2008）运用多 Agent 方法建立了校企协同创新系统的动态模型，考虑到现实生活中受限的理性、信息闭塞等影响产学研协同创新稳定性等问题，Hongzhuan Chen 等（2009）建立一个灰色对称进化链模型来探讨产学研协同创新过程中的稳定平衡性。研究中，大部分多强调嵌入和结构洞如何影响节点个体的创新绩效，近年来，一些学者开始运用参数模拟复杂系统的结构与互动过程，刘友金和杨继平（2002）跳出传统的协同视角，对集群中企业的技术创新协同竞争进行了研究，强调协同竞争是集群中企业创新行为的重要形式，并且构建了相应的模型予以论述[①]。

---

① 刘友金，杨继平. 集群中企业协同竞争创新行为博弈分析[J]. 系统工程，2002(11)：22-26.

（三）关于协同创新体系构成及影响因素的研究

20世纪70年代中期以后，Dillon，DOsi，Utterbaek 等人探讨了企业组织、决策行为、学习能力以及内外部因素相互作用对于企业技术创新的影响，指出提高技术创新效果的关键在于处理好各种要素的匹配关系，发挥协同作用。国内学者陈劲（2005）分析了技术和市场协同创新过程中各要素间的协同联系和协同功能，并构建了包括战略有序结构、协同工具组合和组织有序结构三方面的创新协同构架[①]。在此基础上，郑刚等（2008）基于 TIM 理论视角探讨技术创新过程中技术、战略、组织、文化、制度、市场等各关键要素的协同问题，提出 C3 IS 五阶段全面协同创新过程模型，认为实现全面协同一般会经过沟通、竞争、合作、整合、协同五个阶段。在实践方面，白俊红等（2008）通过对企业内部创新协同机制及其影响要素进行实证分析，指出技术、组织、文化、战略和制度5个因素对创新协同绩效有显著影响。

（四）关于协同创新模式与产业协同创新的研究

在协同创新模式上，朱祖平和朱彬（2003）从创新对象和创新重要性两个角度，对企业协同创新运行机制、企业协同创新的管理进行了理论分析，提出了企业协同创新体系概念模型。陈劲等（2005）则通过构建企业集团内部协同创新模型，对企业集团内部协同创新机理进行分析，采取数据分析方法，研究了企业集团内部协同创新的影响因素、协同创新效应以及与创新绩效的相关关系，提出了提高我国企业集团内部协同创新管理水平的建议，此后，又进一步结合海尔等企业的案例分析，指出技术和市场协同创新机制的内在本质在于"环境—管理—过程"的全面联系[②]。在中小企业方面，陈晓红和解海涛（2006）在分析了企业技术创新从"线性范式"向"网络范式"转变的基础上，从分析我国中小企业技术创新外部"正"效应内部化入手，针对中小企业技术创新方面的不足与缺陷，提出中小企

---

① 　陈劲. 协同创新与国家科研能力建设 [J]. 科学学研究，2005（12）：1762-1763.
② 　同上。

业协同创新体系构想，建立了中小企业技术创新"四主体动态模型"，并分析了其运行模式[①]。关于产业的协同创新，姜启军（2007）建立了我国纺织服装产业的协同创新系统，提出该系统主要由机构要素、合作要素和环境要素组成，协同创新过程一般经历三个阶段：创新雏形、创新发展和协同创新。刘颖等（2009）分析了生产性服务业与制造业协同创新的内在机理，并提出了自组织理论应用对提升协同创新能力与绩效的启示；徐立岗等（2012）指出区域产业创新体系既是产业创新体系的中观组成部分，又是区域创新体系的核心系统，并具体分析了江苏产业协同创新中存在的主要问题，并提出了相关对策。

（五）文献述评

纵观国内外研究现状，学者们在区域创新系统、协同创新主体、协同创新体系构成要素及影响因素、协同创新模式、产业协同创新等方面均已经取得了一定的研究成果，但是将三者结合起来即关于产业集群协同创新的研究较少，需要进一步深入研究，主要表现在以下几个方面：①现有文献对协同创新体系的研究，大多强调创新主体的创新行为，虽然学者们都认识到区域产业主体间的协调合作对区域协同创新体系有着重要作用，但在对如何进行区域产业协同创新的研究方面，却未能形成系统的研究结论和理论模型。②现有文献对协同创新研究的焦点大多集中在技术创新上，主要针对企业从创新要素、创新主体间的协同关系以及协同创新模式等方面进行了较为深入的研究，关于产业集群的协同创新研究还只局限于部分产业，对于低碳产业集群协同创新的研究更是鲜见。③现有对区域低碳产业创新系统的研究还处于起步阶段，要使区域产业集群协同创新，其体系的形成机理起着关键作用，但是，目前对低碳产业集群协同创新体系形成机理方面，还缺乏深入研究，未能形成系统的理论体系与架构。

---

① 陈晓红，解海涛．基于"四主体动态模型"的中小企业协同创新体系研究 [J]. 科学学与科学技术管理，2006（8）：37–43.

三、协同创新网络的构成要素

根据协同创新的基本内涵和协同创新网络的构建原则，借鉴国家创新体系和区域创新体系关于创新系统构成因素的分析，可以将协同创新网络的基本构成因素划分为四种，即创新主体、创新要素、创新机制和创新环境，四个方面的要素相互联系、相互作用，形成促进经济发展的合力。其中，创新主体是发挥主动性作用，对资源进行配置的主导力量。根据熊彼特创新理论，创新是生产要素和生产条件之间的新组合，属于创新主体的资源配置行为；创新要素是创新主体的作用对象，即各种创新来源的资源要素和它们的组合方式；创新机制则是创新主体配置资源的机制，是创新主体和创新资源之间的中介因素；创新环境是创新经济系统有序运行的条件和保障。协同创新体系依托于创新环境，创新主体在创新机制激励引导下，对创新资源要素进行优化配置，不断提升系统集成的创新能力，驱动经济系统的发展升级，这是协同创新体系运行和发挥作用的内在实质和逻辑规律。

任何一个协同创新系统必须具备所述四个要素，缺少任何一个要素，该创新系统都是不完整的，甚至是不存在的，或者至少说是名存实亡的。分别研究各构成要素的内涵、构成、特征和规律，并在相互联系、相互作用的整体上系统研究协同创新发展的作用机理，才能深入把握协同创新经济系统发展的规律，从而指导协同创新战略的制定。协同创新网络要素构成及关系如图2-1。

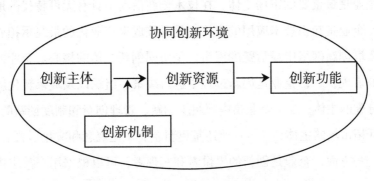

图 2-1　协同创新网络要素构成示意图

　　（一）创新主体

　　创新主体是通过对创新资源的运用、配置和组合，开展创新研发活动的行为主体或组织机构等，主要由企业、高校院所、金融机构、中介服务机构和政府等组成，相应的创新功能包括技术创新、科学研究、金融创新、服务创新以及制度创新等。只有通过创新主体创造性劳动，才能优化资源的组合配置，实现创新发展。对创新主体的研究分为四个演进阶段：熊彼特强调企业家是创新的唯一主体、德鲁克从企业内单一主体发展为多个主体，后来的研究者对创新主体的研究从企业内部走向企业外部并进行多创新主体整合研究。

　　创新主体是协同创新体系中最富有能动性、活力和创造性的因素。不同创新主体掌握资源不同，社会定位各异，参与创新的动机、方式和重点也存在差异，因而在协同创新体系中发挥的创新功能也是各不相同的。其中，企业因为直接面向市场和客户，是技术创新的主体；高校院所集聚科研资源和创新人才，是知识创新的主体和源头；政府以国家强制力为后盾，通过营造环境、制定政策，支持、引导和激励创新，促进创新主体合作，是制度创新的主体。创新主体之间互动协同，形成创新网络系统并实现协同创新系统发展，从而达成各自利益。创新主体以资本、技术、人才、信息、平台、项目等为纽带互动联系，最根本的是通过知识的创造、扩散、转化形成的创新链联系起来。

　　企业是最重要的市场主体，在技术创新活动中具有无可替代的地位和作用。企业是知识技术应用的主体，是科技成果产业化的最终承担者，是产业集群创新网络中最活跃的因素，是协同创新主体的核心。企业的主体地位的表现：一，企业是创新过程中进行决策、组织以及成果转化应用和利益分配的主体；二，企业是内部组织创新、管理创新和制度创新的主体，也是开拓市场的主体；三，企业还是更新企业文化观念和文化形式的主体。因此，一方面，企业是创新的提供者和实现者，可以根据用户需求提供创新产品和创新服务。另一方面，企业是创新的需求者和促进者，能够引导其他主体的创新活动。因此，只有以企业为主体，才能保证技术创新的市场导向，才能有效整合产学研各方面的力量、真正实现各种创新要素向企业集聚，也才能使产学研合作取得实实在在的成效。

高等院校着眼于知识创新和人才培养，是创新人才的集聚地和知识创新的策源地，是协同创新体系中知识创新的主体。其创新主体地位主要体现为培养创新人才、从事科技研究、传播科技知识、营造创新文化等方面。科研院所以应用研究和试验发展为主，在科技成果转化过程中具有承上启下的作用，其主体地位主要表现在；从事科学研究、参与成果转化、营造科学文化，向企业提供技术成果、向政府提供决策咨询、与企业联合开展技术创新、创造积极向上的学术氛围和科研环境，参与文化创新等。

中介服务机构贯穿于技术创新的各环节，是企业、政府、高校、科研机构、金融机构等创新主体相互联系、沟通的重要纽带，是创新资源优化配置的促进力量。中介服务机构在创新活动中的作用主要是提供专业知识和专业技术方面的服务，促进创新主体合作和创新成果形成，推动科技知识和成果的扩散和转化。

政府部门是公共利益的代表，是公共产品和公共服务的主要提供者。在创新过程中政府是创新系统的规划者和组织者。其创新主体地位主要体现在营造良好的市场经济环境和创新制度环境，是制度创新的主体、文化创新的主体、公共基础设施建设主体和公共产品提供主体等。

（二）创新资源

创新资源是协同创新经济过程中的投入要素，是实现协同创新的物质基础。按照熊彼特关于创新的观点，创新是"构建一种新的生产函数，引入新的生产要素以及推动生产方式重新组合。"没有创新要素资源的优化组合，就无法实现创新。

经济增长理论派别的不同分野，就是根据经济增长决定性要素的不同来区别。经济增长理论先后经历了资本决定论、技术决定论、人力资本决定论、制度决定论和结构决定论等不同理论流派，对应强调资本、技术、人力资本、制度和结构等要素在经济发展中决定性作用。据此，我们可以将投入创新经济活动的资源区分为传统要素和创新要素，既包括传统经济发展理论中的劳动力、资本、自然资源，也包括新经济增长理论中的人力资本、知识、科技、信息、制度因素、结构因素以及文化因素，比如社会资本等高级要素，前者具有边际收益递减特征，而后者则具有非竞争性、非消耗性以及边际收益递增的特点。

以创新要素的投入代替传统要素投入，使具有边际收益递增特征的创新要素代替边际收益递减的传统要素，实现要素新的组合，解决经济发展中资源稀缺和边际收益递减两个关键问题，以创新推动实现长期均衡的经济增长。

（三）创新机制

从一般意义上理解，所谓机制是指一个系统的组成要素或构成部分之间相互作用的过程和方式，是一个经济系统实现有效运转的制度性条件。创新机制是协同创新体系的构成要素之间相互作用的过程和方式，由相关的机构、方法、规章、制度和习惯等构成。创新机制是联系着创新资源和创新主体的中介机制，是体现协同创新本质的重要因素。创新机制通过影响创新主体的决策和行为，进而影响资源配置，实现资源的重新组合和优化配置，达到创新发展的目的。

创新机制的构成要素和作用机理是创新机制研究的重点。在市场经济条件下，一个创新经济系统的创新机制首先是市场机制。在完善的市场经济体系中，由价格机制、供求机制、风险机制等组成的市场机制体系发挥作用，价格信号反映供求状况，并通过影响市场主体的经济利益引导其决策和行为，实现资源配置流动。在创新经济活动中，市场机制发挥作用，一般要素资源和创新要素资源优化配置到创新效率最高因而收益最大化的部门和环节，从而提高整个经济系统的创新能力和竞争能力。但市场机制不是万能的，其本身存在着滞后性、盲目性等缺陷，"市场失灵"现象时有发生。同时，创新过程存在着高风险、高收益、不确定性等特点，而创新成果具有准公共产品特性和外部性等特征，这些都需要政府发挥宏观调控职能，提供创新研发的公共投入和创新基础设施等公共产品，维护公平竞争的市场秩序，进行制度创新协调集体行动，弥补市场机制在协同创新中的失灵和缺陷。创新经济系统具有特殊性，由于不同经济系统在结构形式、组织方式等方面的不同，还需要有与系统本身特点相适应的特殊调节机制。比如在产业集群发展中存在着集体学习机制、知识流动机制、信任机制等共同发挥作用。

（四）创新环境

任何一个创新的经济体系都离不开外部环境的支持。创新系统内部创新主体只有通过与外部环境的良性互动，实现资源要素的交流，才能为创新体系的正常运转和发挥作用提供条件和保障。

一般来说，创新环境可以为创新主体提供设施、文化、法律、制度等方面的保障，保障创新的高效顺利进行。因此，创新环境是有助于研发创新活动的各种软、硬件外部条件，其中，创新硬环境主要指科研设施、信息网络、机器设备等从事创新活动所必不可缺的基础条件；创新软环境主要指市场、法律、文化、教育等为创新提供非物质激励的因素。完备的科研设施、信息网络、产业基地等创新硬环境将有利于创新主体实施研发创新，更多的创新也将通过提高产出增长率而激励创新硬环境投资，形成良性互动。创新软环境改善同样能激励创新、提高效率，主要表现在：公开、公平、公正的市场竞争环境激励并引导各类企业和研发机构加大技术创新规模和加快创新速度，从而在激烈的市场竞争中处于优势地位；稳定、透明、统一的法律法规环境有利于保护创新成果和创新产权，激发创新人才与创新主体的创新积极性；诚实守信、开放合作、尊重创新、宽容失败的创新文化环境，有利于在经济区域或经济系统内提出新的科学思想，开辟新的研究方向，形成良好的创新氛围。总之，共同的创新思维、成熟的市场机制、良好的教育环境、适宜的文化氛围以及完备的法律体系等软环境建设有助于促进创新主体协同，降低研发创新成本，从而激发更多的研发投资和创新。

环境因素的作用必须通过影响系统主体的行为才能实现，影响交流的方式包括物质、信息、技术、知识等。创新环境的构成和与创新系统的互动交流是创新系统实现协同创新发展的重要方面。从理论上讲，按照普遍联系的观点，影响经济系统的创新环境要素很多乃至无限。但在现实研究中，我们仅仅选取与创新经济系统联系最为紧密、影响最大的因素。

四、协同创新主体的创新功能分析

创新功能是协同创新系统的构成要素及其内部结构与外部环境的相互作用所呈现出来的功效和能力，即协同创新网络整体表现出的创新内容和成果。自熊彼特提出并应用"创新理论"解释经济增长以来，"创新"就成为一个被广泛使用的重要概念。熊彼特把创新与发明进行了区分，认为只有发明或发现引进生产系统才能称为创新，换言之，创新是发明成果的首次商业化应用，是一个经济技术范畴。随着经济社会发展和研究的深化，大量新技术竞相涌现，与各种商业模式创新相互交融，形成产业发展的新业态，共同推动着产业发展技术路线的更替和相关领域革命性的变革。学者们进一步拓展了"创新"的内涵外延，创新主体和创新来源不仅包括企业，还涉及政府、高校院所、中介组织、金融机构等；创新条件不仅包括硬件条件和设施，还需要依赖支持创新的政策网络和制度框架等；创新的内容不仅包括技术创新和产品创新，还包括组织创新和制度创新，以及广义的社会方面的创新。因此，协同创新的创新效应也经历了一个发展过程，形成了知识创新、技术创新、制度创新、服务创新、金融创新、市场创新和商业模式创新等侧重点不同又相互联系的创新范畴，并在此基础上形成各种创新形式相互结合的集成创新和协同创新。各创新主体与创新功能对应关系见图2-2。

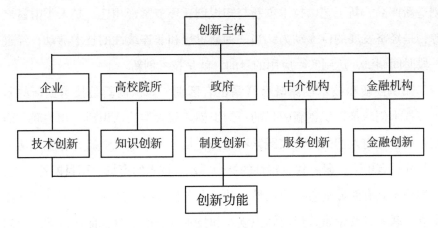

图 2-2 协同创新主体的创新功能示意图

（一）科技创新

科技创新是将科学发现和技术发明应用于生产过程中，实现其市场价值或商业价值的过程，形成了从社会和市场提炼创新需求到组织科学研究科技创新环节，从知识创新源头到技术创新及市场应用的科技创新链条，并形成良性循环的持续过程，使科技创新成为经济发展的强大推动力量，实现经济系统的协同创新发展。科技创新以企业为实施主体，但离不开高校、科研院所的知识创新，政府及中介机构提供的创新环境和制度保障，中介服务机构提供支持和服务，因此，实现科技创新还必须企业与高校、科研院所、中介机构、政府等多个主体的互动协同。科技创新包括知识创新和技术创新两个紧密联系的方面和环节。其中，知识创新是指高校院所等创新主体通过科学研究等方式获得基础科学和技术科学新知识的过程，涉及基础研究、前沿技术研究和社会公益技术研究等。知识创新的目的是追求某个知识领域的新发现和新规律，积累新知识，创造新方法，是不断增进技术创新和制度创新所需要知识的过程。知识创新的主体是与知识的生产、传播、转移和应用过程紧密相关的机构和组织，包括高校、公共科研机构、企业科研机构、区域或产业技术创新联盟性科研机构、政府起支撑作用的创新基础设施等。OECD 这样定义技术创新，即为经济发展创造新产品、新工艺。技术创新与知识创新环节紧密相连，是人类财富之源，是经济发展的巨大动力，当一种新思想和非连续性的技术活动，经过一段时间调试，达到实际应用的目的，就是技术创新。

知识创新和技术创新既有联系也有区别，知识创新是技术创新的基础，技术创新是知识创新的目的；知识创新与人类的认识活动相关联，而技术创新却与人们的生产实践紧密相关，是一个介于科学研究和生产活动之间的具有生产、研究双重特性的社会活动；技术的市场应用目的性突出，而知识不具有明显的直接应用性目的。在现代经济发展中，知识创新和技术创新联系日益紧密，形成知识创新和技术创新的组合，促进科学发现向前沿技术以及现实生产力的转化，即实现科技创新。

（二）市场创新

市场创新或商业模式创新本质是盈利模式的创新，是指企业通过创新产品或服务，在拓展市场实现盈利环节进行的创新。市场是供求关系的总和，包括市场供给、市场需求和市场关系等市场要素。市场创新的实质就是对市场要素进行优化组合从而拓展市场的过程。从管理学角度来看，市场创新是作为市场主体和创新主体的企业为开辟新的市场，通过各种市场要素和市场条件的组合，对新市场进行研究、开发、组织和管理的一系列活动。从创新经济学角度看，市场创新是指企业从微观角度，促进市场构成的变动，加快市场机制的创造，进行新市场的开拓和占领，从而满足企业新需求的行为。市场创新不仅仅是对现有市场的分享，而是重在通过技术创新成果创造新的市场，引导新的需求。市场创新的要素包括产品创新、需求创新、客户创新等。

市场创新和技术创新紧密联系。科技创新提供了创新成果的供给，创新成果的需求则需要市场创新以开拓新的市场。这就意味着科技创新通过市场创新来实现，科技创新成功的标志和最终目的是市场的成功，即产品创新和工业创新的成果实现商品化和市场化。因此，市场实现程度是检验技术创新成功与否的客观标准，这也是熊彼特创新理论的要求。总之，市场创新是科技创新的目标，而科技创新是市场创新的基础和前提。企业进行创新管理应该进行营销和研发的整合，实现技术创新和市场创新的协同。

随着世界新技术革命的不断深化，以大数据、云计算、移动互联网、物联网、3D 打印等为代表的科技创新成果掀起了市场创新或商业模式创新的大潮。在制造业领域，企业借助智能化科技革命的发展成果，创造性地提出了"产品制造加增值服务"的新的商业模式，形成了从市场调研、研发决策、创意设计到品牌创建、终端销售和售后服务的完整产业链条。随着全球智能化制造水平的提高，罗尔斯罗伊斯公司率先进行商业模式创新，实施在线维护航空发动机的增值服务，一方面提高了发动机的寿命和无损探测能力，另一方面也降低了发动机日常维护和重新换购的费用，使公司利润比单纯销售发动机增长 2~3 倍，在世界航空发动机市场占有率从 5% 上升到近 40%。

（三）制度创新

新制度经济学家诺思认为"制度是一系列被制定好的规则，是人们各种行为的伦理道德规范。旨在约束追求主体福利或效用最大化的个人行为。"他还认为，经济活动中交易费用的普遍存在是制度产生的根本原因。因此，制度最为重要的功能就是通过一系列的规则规范市场主体的行为，界定并协调交易主体之间的关系，用以稳定市场预期，减少环境不确定性，降低交易成本。制度包括法律、政策、法规等正式制度和风俗习惯、意识形态、价值观念等非正式制度。熊彼特在《经济发展理论》中将制度创新定义为用效益更高的制度来代替原有制度的过程；诺思将制度和制度创新视为经济增长的决定性因素。辛鸣在《制度论》中将制度创新定义为：制度主体以新的观念，通过制定新的行为规范，调整主体间的权利义务关系，以实现新的价值目标和理想目标而自主进行的创造性活动。因此，制度创新是根据协同创新的要求，不断调整创新制度体系中不适应经济发展和技术创新的方面和环节，制定比以往制度安排更富有效率和更具激励作用的制度安排，为创新主体的创新行为提供引导、激励，实现协同创新。

　　技术创新和制度创新是经济增长完整链条中的两个紧密联系的方面和环节，两者之间存在着互动机制。其中，科技创新解决的是新知识和新技术的创造、运用和扩散问题，而制度创新则以制度框架的形式提供了创新个体的行为规范和创新主体之间的博弈规则，用以降低创新交易成本和创新过程的不确定性，解决的是科技创新成果流动和交易效率问题。从世界经济发展历程来看，任何技术创新活动都是在一定的制度体系框架和制度背景下进行的。美国著名经济学家阿瑟·刘易斯在其《经济增长理论》中强调，经济增长取决于自然资源和人类行为，人类行为分为直接原因和间接原因，直接原因是从事经济活动的努力、知识的增长与运用以及资本积累，而决定这些直接原因的是观念和制度；从微观企业主体来看，企业技术创新离不开内部激励制度安排。明晰的产权制度、企业家和技术人员激励机制以及知识产权保护等是企业技术创新的主要制度性安排；从现代科技创新的需求来看，现代科技创新日益表现出两个鲜明的特点：一是投资风险越来越大，二是知识尤其是综合性、交叉性的科学知识与管理知识的依赖程度越来越高。这就使得科技创新的成功更加依赖于有效的制度环境和制度安排，其作用主要体现为减少创新风险、培育创新条件、完善技术创新的机制和环境。因此，科技创新和制度创新是相互促进关系，科技创新往往会带来制度创新，而制度创新也会营造环境，激励和促进科技创新。

　　（四）组织创新

　　技术创新是一个动态过程，涉及创新决策、科学研究、技术开发、生产开发、市场开发等环环相扣的多个环节，任何一个环节或因素发生问题都会导致创新的失败，因而，技术创新活动既需要企业内部各个部门的参与，也需要企业与高校院所、中介机构、政府等机构和部门的协调。技术创新促进组织创新，这不仅表现在企业内部关系上，而且表现在企业外部关系上。通过高科技信息网络技术，企业整合资源的范围和强度得到极大的提高，组织管理手段和方式也获得极大地丰富，这些因素促使企业组织呈现出扁平化、快捷化、虚拟化的发展趋势。作为创新主体的企业与供应商、客户、消费者以及研发机构等的关系互动性更强，形成了柔性化开放式结构，产生了与实体经济相联系、相伴生的虚拟组织等组织创新形式。这些虚拟企业形成专业领域的独特优势，可实现对外部资源的整合利用，形成结构的优势和高度的机动性，完成单一企业难以承担的产品开发、生产和销售等任务。美国波音公司通过在世界范围内采购材料和零部件，组织研究机构和研发资源实施研发攻关，建立了遍及全球的设计与制造网络，使得飞机制造体现出虚拟创新组织的结构开放、专业互补、资源整合等优势，产品上体现了最优设计、最新材料、最好品质等科技集成优势。

（五）服务创新

在协同创新网络中，创新主体功能的发挥，各创新主体之间关系的协调，还需要中介服务机构的参与。中介服务机构通过整合创新资源，服务创新活动，沟通创新主体，降低创新成本，提高创新效率，实施服务创新，在协同创新中发挥着重要作用。服务创新包括服务机构的设立，服务平台的搭建，服务体系的健全，服务机制的完善等内容。

金融是现代经济运行的血液，金融服务是实现经济创新发展的必备条件，金融创新是服务创新的基础。适应科技创新过程高投入、高风险、高收益、周期长等特点，满足轻资产比重高的创新型企业不同发展阶段的金融需求，需要完善金融市场，建立与科技创新及协同创新相匹配的投融资体系；需要金融机构创新金融工具和手段，识别科技创新资源的潜在价值和风险，达成科技资源和金融资源的有效对接和整合，进行金融创新。

五、协同创新网络的作用机制

创新系统的研究经历了国家创新系统、区域创新系统的微观学派、宏观学派和综合学派、集群创新系统等发展阶段，产生了"生产者—用户"交互学习创新模型，"三重螺旋"互动协同模型以及"创新生态系统"模型等[1]，

---

[1]　陈劲，阳银娟．协同创新的理论基础与内涵［J］，科学学研究，2012，30（2）：161-164.

更加强调各创新主体之间互动协同机制的动态演化，创新网络自身发展越来越强调创新要素之间的协调整合形成创新生态。协同创新网络就是由四个相互联系、相互依存的要素构成的具有创新功能的生态系统。其中，创新主体主要解决协同创新网络的主体问题，即哪些组织或机构需要进行创新，如何创新，重点进行什么创新等问题；创新资源解决协同创新客体问题，即进行资源优化组合的要素有哪些，各发挥什么功能；创新机制解决协同创新的动力来源，即创新主体对创新资源进行优化组合的支配因素是什么；创新环境是协同创新的外部依托。各要素之间相互作用、相互依赖，构成具有相对稳定结构和功能的创新系统整体。只有四个要素共同作用才使得协同创新具有实质性内容、实质性功能和实质性意义。任何一个要素的缺失，协同创新系统都是不完备的，都会使创新系统丧失其应有的功能，进而失去存在的可能。

协同创新网络中各要素相互作用形成创新功能系统促进产业发展，揭示了产业集群创新发展的演进规律。在一定创新环境下，创新主体受到创新机制支配作用，对创新资源进行优化组合的配置，实现多种创新功能的基础，驱动经济系统发展升级。其中，企业技术创新居于核心地位，上游需要高校院所的知识创新提供创新成果，下游需要企业市场创新和商业模式创新，以开拓市场，实现创新价值。从知识创新到技术创新再到市场创新的循环往复，形成了完整的创新链条，体现了科技创新中需求拉动和技术推动的联合作用，体现了科技创新经济技术范畴的本质；政府的制度创新、企业的组织管理创新、金融机构促进科技和金融融合的金融创新、中介服务机构的服务创新则为科技创新提供服务、激励和保障。微观企业科技创新、企业与高校院所、中介服务机构、金融机构、政府的互动协同，整体体现为产业的升级和区域竞争力提高，实现了协同创新发展。因此，协同创新网络是多创新主体协同，多创新要素整合，多创新机制联动，多创新环节相互衔接，以知识创新为源头，技术创新为核心，以制度创新为保障，市场创新为手段，通过创新资源的优化配置，提高要素生产率，实现知识、技术、市场的贯通，各创新主体的协同，各种创新功能的集成，实现企业创新、产业升级和区域发展。

协同模式架构以及合作机制是协同创新网络构建和演进最重要的两个方面。一方面，协同创新组织通过设计合理的协同模式可以有效连接不同创新主体，使得互相之间的知识与资源能够产生互补，减少重复投入，提高创新效率。另一方面，设计合理的合作机制可以帮助新技术与知识在协同企业间有效传播与分享，从而促进合作与创新，并加速新产品的产业化。

1. 协同模式

研究发现，企业在选择协同模式与设计协同架构时，需要根据创新的目的、效率、企业的匹配程度以及环境等多方面因素进行综合考虑[①]。企业可以选择与供应商或客户合作，开展纵向协同。由于供应商拥有关于技术的特殊知识，因此彼此的交流缩短了技术创新周期，提高了创新成功率[②]。与用户合作时，由于用户需求是关于市场的信息，通过与客户协同从而缩短与市场的距离，能够更准确地确定企业的创新方向。另外，企业可以通过与同一行业或者相近行业的竞争性企业建立合作关系进行横向协同。这种横向协同现象在高科技行业中普遍存在，企业常常围绕某项技术或产品开展合作研发。特别是在面对投入大、风险高，且具有较高通用性的技术时，由于企业的资源与能力能够互补，降低创新成本，新技术成果在协同企业间传播与分享，能够进一步促进合作与创新[③]。随着互联网及其他高科技产业的发展，开放平台式协同创新正逐渐成为企业选择的创新方式之一，平台作为协调者及知识积累、传递、分享的枢纽，能够将参与者们有

① TETHER B S. Who cooperates for innovation, and why: An empirical analysis[J]. Research Policy, 2002, 31（6）: 947~967.

② LIKER J K, KAMATH R R, NAZLI WASTI S, et al. Supplier involvement in automotive component design: Are there really large US Japan differences?[J]. Research Policy, 1996, 25（1）: 59~89.

③ SAKAKIBARA M. Heterogeneity of firm capabilities and cooperative research and development: An empirical examination of motives[J]. Strategic Management Journal, 1997, 18（S1）: 143~164.

机整合在一起，从而缩短由知识转化为创新产品的周期。

2. 协同合作机制

企业与其他主体进行合作时，如何构建合理价值生成机制和利益分配机制是关键。现有文献显示，协同创新价值创造的基础是信任机制的建立，企业间信任的建立对双方合作的价值提升有重要影响。一方面，协同创新过程中的协商成本是影响协同效果的重要影响因素，信任的建立能够有效降低交流成本，防止机会主义行为，减少监督与控制成本。另一方面，知识是协同过程中的重要产出，有效信任机制的建立对于协同过程中的知识传递，特别是隐性知识在协同网络中的传递有显著影响，这也是影响企业创新的重要因素。协同主体能否建立合适的信任机制与交流渠道使合作方之间能够有效传递与分享知识，都是在协同创新价值生成机制建立过程中需要关注的[①]。因此，基于合理信任机制的建立，协同创新组织如何控制合作成本、保证知识价值与经济价值的创造，是值得进一步研究的问题。

新创知识与经济价值的分配是协同创新参与者们关注的问题。参与者间的信任是构建价值分配机制的根本。有效的信任机制能够减少协同过程中的不确定性，减少参与者之间的利益冲突，最终实现共赢。然而，究竟根据参与者的贡献与付出的成本，还是根据承担的风险来进行利益分配，目前尚无定论。虽然有学者试图使用委托代理或博弈理论来建立利益分配模型，但是研究深度以及对权变因素的考虑仍不够充分。

3. 协同网络演进

协同创新与一般创新不同，协同创新网络具有很强的"自组织"和"自增益性"，并且处于不断演化的过程中。网络内已建立协同创新关系的主体之间能够协调合作，对提高网络运行效率有积极作用。同时，网络能够

---

① DHANARAJ C, PARKHE A. Orchestrating innovation networks[J]. Academy of Management Review, 2006, 31（3）: 659~669.

与外界进行物质、能量和信息的交流，确保系统能够生存和进一步发展。一方面，企业通过与网络中的其他主体进行交流来加深自己在协同网络中的嵌入，这对网络中资源和知识的传递以及企业间的竞争与合作行为有重要影响；另一方面，一些关键的企业对新协同创新关系的建立具有积极的促进作用。特别是对于变化迅速的高科技行业来说，丰富网络内的知识、管理网络的演进尤为重要[①]。

然而，现有的实证研究大多从静态角度看待协同网络，进一步的研究需要分析协同创新网络的变化与演进过程，探索其组织架构与模式的变化，同时，从合作方式以及合作的深入程度入手，研究网络内信任机制、价值生成机制以及利益分配机制的演化。

第三节　低碳产业创新系统

一、产业创新系统的基本理论

自英国经济学家弗里曼（C. Freeman）和苏特（L. Soete）1972年在其合著中首次系统论述产业创新理论以来，有关产业创新系统的思想和理论研究开始相继展开。1984年，Roy Rothwell 构建了以并行工程为基础的综合创新模型，在该模型中产业创新系统的思想得到全面体现。接着，弗里曼在1987年提出了国家创新系统的概念，明确了系统因素是产业创新的关键因素。此后，Michael Porter（1990）的创新模型（钻石模型）和 Carlsson（1991）的技术系统理论，为产业创新系统理论体系的进一步形成和完善提供了坚实的支撑。1995年 Nelson 等人提出的进化经济学理论则为产业创新

---

① KRAATZ M S. Learning by association? Interorganizational networks and adaptation to environmental change[J]. Academy of Management Journal, 1998, 41（6）: 621~643.

系统提供了一个清晰的理论框架。至此，在系统论、国家创新系统理论和经济进化论的研究基础上，作为一个完整的概念，产业创新系统由 Stefano Breschi 和 Franco Malerba 于 1997 年首次提了出来，他们把产业创新系统定义为"开发、制造产品和产生、利用产业技术的公司活动的系统"。随后，Malerba 又继续深化研究，从知识技术领域和产业边界、参与者和联系网络、制度三个方面对产业创新系统的构成进行了深入分析，并认为产业创新系统具有自己内在的知识技术基础和供给需求机制，能够在各种因素的交互作用下不断进化和演变。

产业创新系统理论提出以后，作为一种新兴的创新管理工具，引起了产业界和学界的广泛重视。我国学者主要是系统结构模型的角度介入这一领域研究的，如柳卸林（2000）借鉴 Malerba 的理论模型，从创新主体、网络和制度的相互作用出发构建了适用于我国不同产业的抽象模型[1]；徐作圣（2000）探讨了政策工具在产业创新系统中的影响方式及作用，并对台湾集成电路产业进行了实证研究[2]。张治河（2006）从系统功能和内部要素结构的角度，提出了产业创新系统主要由产业创新政策系统、产业创新技术系统、产业创新环境系统和产业创新评价系统四个子系统组成。此外，也有一些学者应用产业创新理论去研究具体产业层面上的运作和管理问题，如张治河（2003）对我国光电子产业创新系统的构建模型和运作机制进行了研究[3]；王明明等人（2009）认为理想的产业创新系统应由制度子系统、技术子系统以及组织子系统三部分组成，并以此为理论模型对我国石化产业创新系统的构建特点进行了研究[4]；另外，刘露（2009）对我国物流

---

① 柳卸林 .21 世纪的中国技术创新系统 [M]. 北京：北京大学出版社，2000：233-248.
② 徐作圣，许友耕，郑志强等 . 国家创新系统与竞争力——台湾集成电路产业之实证 [J]. 台北：经济情势暨评论季刊，2000，5（3）：25-28.
③ 张治河，胡树华，金鑫等 . 经济产业创新系统模型的构建与分析 [J]. 北京：科研管理，2006,3：36-39
④ 王明明，党志刚，钱坤 . 产业创新系统模型的构建研究——以中国石化产业创新系统模型为例 [J]. 科学研究，2009，2：295-301.

产业的创新系统也进行了较为细致的研究。总体来看，产业创新系统的理论体系已基本建立，但相比国家创新系统理论和区域创新理论而言还不够成熟，尤其在分析具体产业创新模型和运行机制的层面上，还需继续丰富和深化。

二、低碳产业创新系统的界定

根据低碳产业的发展特征，借鉴产业创新系统的相关理论和概念，本书把低碳产业创新系统定义为以低碳技术创新、低碳制度创新和组织创新为核心，以提升低碳产业创新能力和产业竞争力为导向，相关企业、高校、科研机构、政府机构和中介机构等通过产业链、生产链互相联系所形成的动态网络体系。低碳产业创新系统是应对全球产业结构重新调整的客观需要，也是抢占低碳产业制高点的必然选择。

从低碳产业创新系统的构成要素来看，主要包括低碳产业创新主体，低碳产业创新资源和低碳产业创新环境三个部分，如图2-3所示。

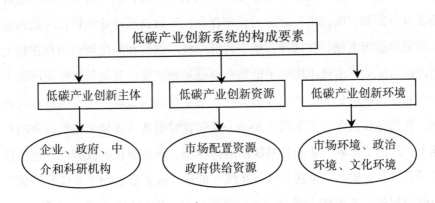

图2-3 低碳产业创新系统的构成要素

低碳产业创新主体包括从事低碳生产的企业、各级政府机构、科研院所以及提供低碳技术咨询、信息交流、评估仲裁等服务的中介机构，是低碳产业创新的推动者和执行者。低碳产业创新资源包括以市场配置为主的资源（如低碳技术资源、低碳金融资源、低碳信息资源等）和政府供给资源（如法律制度、政策、战略规划等）两个方面，是低碳产业创新的支撑和基础。低碳产业创新环境包括市场环境、经济政治环境和产业文化环境，是低碳产业创新赖以开展的外部条件和外部约束，其中市场环境又可分为区域市场、国内市场和国际市场环境三个部分。低碳产业创新系统作为一个系统的存在，既具有系统的整体性、结构性、有序性和动态性，也具有自身的独特性。其运转的效率与功能，一方面取决于产业创新主体自身的运行机制完善与否，即能否充分动员各种创新资源实现组合创新，从而获得低碳产业总体创新能力和竞争力的提升；另一方面，也取决于系统内各构成要素之间的相互作用和结合方式，以及外在环境对低碳产业创新的支撑能力。

三、低碳产业创新系统内部结构分析

我国的低碳产业目前尚处于发展的初期阶段，相关技术积累与产业基础都比较薄弱，低碳行业标准和市场体制也不完善；同时由于工业化进程的客观需要和"碳锁定"效应的长期存在，导致高碳产业在较长时期内还难以完全退出市场。在这种背景下，低碳技术创新和制度创新均存在较大的障碍与压力，由此也决定了低碳产业创新系统要比其他具体产业层面上的产业创新系统更为复杂化和多元化。基于对我国低碳产业发展特点的理解，在借鉴张治河和王明明（2006）等学者对创新系统模型相关研究的基础上，提出了低碳产业创新系统的结构模型，该模型包括低碳产业创新技术子系统、低碳产业创新制度子系统、低碳产业创新组织子系统和低碳产业创新评价子系统四个部分，它们之间的相互作用和共生关系见图2-4所示。各子系统的具体分析见图2-4。

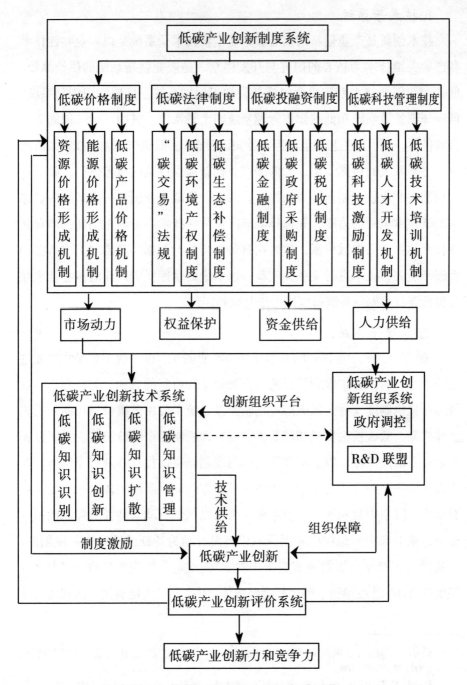

图 2-4 低碳产业创新系统的结构模型

1. 技术子系统

技术创新是产业创新的核心。产业创新技术子系统是以产业共性技术和产业关键技术为核心的研究与开发体系，是产业创新系统的供给系统。低碳产业创新技术系统主要包括低碳知识识别系统、低碳知识创新系统、低碳知识扩散系统和低碳知识管理系统四个子系统，其中低碳知识涵盖了低碳科学、技术、工艺和设计等各种知识形态[1]。低碳产业创新技术系统通过上述子系统的协同作用，为低碳产业创新提供持续的技术供给，并最终实现低碳产业技术创新能力的提升。因此，低碳产业创新技术系统内要加大低碳技术识别的力度，先选择低碳产业共性技术进行渐进创新，培育共性技术的生产和扩散体系，然后在具备相当技术积累的基础之上，再选择低碳产业关键技术进行突破性创新，以求最终掌握低碳产业的核心技术并使得低碳技术创新系统得以进一步升级和完善。

2. 制度子系统

制度创新是产业创新的基本保证。产业创新制度系统主要是指以促进创新产生、利用和扩散为目标的一系列政策和机制的总和，其核心是为系统运行提供制度支撑。低碳产业创新制度系统主要由低碳价格机制、低碳法律机制、低碳投融资机制和低碳科技管理机制四个部分组成。由于低碳产业边界的广泛性，以上不同纬度的制度创新主体往往涉及三个层面，即宏观主体——中央政府，中观主体——地方政府，微观主体——企业和中介组织，其中中央和地方政府主要是采取以自觉行动为特征的强制性制度创新，企业和中介组织则主要采取以自发行动为特征的诱致性制度创新。从我国低碳产业发展的现实情况来看，"碳锁定"效应所导致的"技术－制度综合体"已经渗透于整个社会经济体之中[2]，极大地弱化了新制度的推

---

① 陆小成，刘立. 区域低碳创新系统的结构——功能模型研究 [J]. 北京：科学学研究，2009，7：1080–1085.

② Unruh, G. C. Understanding carbon lock-in[J]. Amsterdam: Energy policy, 2000, 28（12）: 817–830.

动力，从而使得自下而上的诱致性制度创新难以产生，这也就意味着强制性制度创新将成为当前我国低碳产业制度创新的主导方式。

3. 组织子系统

组织系统主要是探讨在产业创新和研发网络方面各相关主体之间的合作方式和连接关系，它可以有效降低产业创新活动中技术、市场等因素的不确定性，克服单个创新主体在从事复杂创新活动时的能力局限[①]。低碳产业创新组织系统是低碳产业创新主体在长期的正式与非正式合作的基础上，所形成的相对稳定的网络系统。组织网络的特征和结构形式与产业技术、资源瓶颈、竞争与监管规则以及知识产权保护力度等因素紧密相关，并且会随着产业的演进而不断变化[②]。鉴于低碳产业刚刚起步，创新主体间的组织网络结构比较分散，研发分工与协作体系也不够完善，严重影响了低碳产业创新系统内各种创新资源的有效整合。为此，应积极发挥政府在产业发展中的调控和引导作用，加强企业、科研院所和中介机构间的交流与联合，建立低碳产业企业合作开发或 R&D 战略联盟，以促进低碳产业创新组织系统尽快形成与完善。

4. 评价子系统

评价系统是产业创新的控制系统，可以对产业创新的实施过程和创新效果进行全面准确的评价和反馈，对整个产业创新系统的运转方向和运转效率起到良好的控制作用。产业创新评价系统可操作性强，根据不同产业的特点可以设置不同的评价对象、评价程序和评价指标。低碳产业创新评价系统主要是通过相关中立机构，对低碳产业创新的制度系统、技术系统、组织系统和创新效果进行评价。具体分析指标主要包括四个维度：即低碳产业创新经济绩效指数（如低碳产业投入产出比、低碳产品市场份额、

---

① 李春艳，刘力臻. 产业创新系统生成机理与结构模型 [J]. 天津：科学学与科学技术管理，2007, 1：50–55.

② Kogut B. The network as knowledge：generative rules and the emergence of structure[J]. New York：Strategic Management Journal, 2000,（21）：405–425.^NU1DA20101213

低碳企业财税贡献等）、低碳产业创新技术水平指数（如低碳技术专利申请数、专利授权数、核心技术垄断指数等）、低碳产业集群创新组织水平指数（如低碳企业与科研院所的联系程度、低碳技术扩散速度等）和低碳产业创新制度支撑指数（如低碳法规覆盖面、低碳政策执行效率等）。在评价工具上，可以采用层次分析法（AHP）、成功度评价法、模糊综合评价法、灰色聚类法、综合评价法等方法来展开评价工作。

四、低碳产业创新系统的运行分析

从当前我国低碳产业发展与创新的实际情况出发，分析低碳产业创新系统的运行机制，如图2-5所示。具体分析如下：

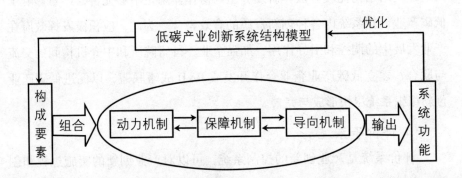

图 2-5　低碳产业创新系统的运行机制

资料来源：梁中（2010）

1. 创新动力机制

低碳产业创新是一个复杂的过程，其中交织着多种动力，创新行为的产生则是供给动力和需求动力共同作用的结果。外部供给动力源主要来自应对气候变化的需求、全球产业结构调整的需求和国家产业发展模式转型的需求；内部需求动力源主要来自企业发展战略的需求、产业竞争的需求和突破技术创新瓶颈的需求。产业创新系统内的创新主体要素是供给动力和需求动力的"集合受力点",各创新主体通过低碳技术创新系统和组织创新系统将上述动力作用并扩散于低碳产业创新系统,使得创新系统开始运转并产生创新活动。这种创新行为一旦产生,在创新动力源的持续作用下,又将会反作用于主体要素和技术系统,激发新的创新需求,从而推动低碳创新系统开始新一轮的创新活动。在构建低碳产业创新动力机制的过程中,一方面要充分发挥政府在创新系统运行初期的推动作用,另一方面更要重视培育企业的创新主导角色。因为在市场机制运行下的产业创新系统,只有以企业的市场需求动力作为主要动力源,才能进入长期的良性运转轨道。

2. 创新保障机制

低碳产业集群创新活动涉及行业多,回报周期长,投资和技术创新的风险都比较大;同时低碳产业创新的外溢效应也较强,往往会导致创新主体的边际收益下降,进而抑制其创新的积极性。因此,一套完善的保障机制对于低碳产业创新系统的稳定运行是极为必要的。低碳产业集群创新保障机制主要借助环境要素和资源要素的支持,通过组织网络和制度创新来发挥其对系统运行的保障功能,主要包括低碳法律保障、资金投入保障、低碳政策保障、基础设施保障和信息服务保障等功能。低碳产业创新保障机制是一种多元化的保障机制,它不仅可以维护低碳创新主体的创新利益和创新权益,为系统运转提供相应资金、政策和信息的支持;更重要的是,它能够通过组织网络的作用降低或分担单个创新主体的风险和压力,从而进一步增强产业创新系统的创新动力和创新资源吸纳力。应该明确的是,虽然保障机制涉及的参与主体众多,但从当前我国低碳产业发展的实际环境来看,组织网络中的政府机构在构建产业创新保障机制过程中一般处于绝对主导地位,在很大程度上是保障机制的主要供给者。

3. 创新导向机制

创新导向机制是维持产业创新系统前瞻性的重要基础。产业创新系统通过创新导向机制来确定系统内技术创新和产业发展的战略方向,并以此调控和引导各种创新资源的投入重点，确保整个创新系统运行的可控性和技术前瞻性。低碳产业创新导向机制主要是借助制度子系统和评价子系统中的政策制定和控制功能，利用技术预见等理论工具，在整合系统内的资源要素和环境要素的基础上，为低碳产业创新系统选择并确定具有战略意义的研发领域、关键技术和通用技术。在实际运行中，低碳产业创新导向机制主要作用在两个方面：一是通过预测相关低碳产品的市场需求和低碳行业的竞争结构，来优化资金投入、政策支持等创新资源的配置，并综合确立低碳产业创新系统的目标定位；二是通过测度相关低碳技术的创新规律发现新的技术突破点，建立产业创新系统的技术跟踪和导向机制。从全球范围来看，目前低碳产业和相关技术的未来发展方向仍处于摸索阶段，因此能否以科学的制度设计来把握未来较长时间内的低碳产业和技术发展趋势，在很大程度上将决定着我国低碳产业集群创新系统的国际竞争地位和运作层次。

低碳经济的发展趋势代表着国际产业结构调整和突破的方向，以低碳为核心的产业和技术发展将成为世界经济的主导推动力量和新的增长点。在日益开放、动态的国际产业竞争环境下，我国低碳产业集群的发展水平主要取决于低碳产业创新系统的运行效率和运行层次。低碳产业创新系统作为一个系统的存在，既具有系统的整体性、结构性、有序性和动态性，也具有自身的独特性：从系统构成要素来看，主要包括低碳产业创新主体，低碳产业创新资源和低碳产业创新环境三个部分；从系统结构模型来看，主要包括低碳产业创新技术子系统、低碳产业创新制度子系统、低碳产业创新组织子系统和低碳产业创新评价子系统；从系统运行机制来看，主要包括低碳产业创新动力机制、低碳产业创新保障机制和低碳产业创新导向机制。系统要素的质量及其结构模型的改变将影响系统功能的发挥，低碳产业创新系统主要通过运行机制的协同作用，实现系统的功能与目标，并使得创新系统朝着最优化的方向运行。

第四节　协同创新网络与区域竞争力的耦合机制

所谓竞争力，是指一个行为主体与其他行为主体竞争某些相同资源的能力。区域竞争力是支撑一个区域持久发展的力量，是一个区域与其他区域为争夺发展资源产生的吸引力。

协同创新网络与区域竞争力的耦合可从区域市场运行效率、产业结构调整、生产互动效应、工业化和城市化、区域经济增长、区域竞争优势六个方面得到体现。

协同创新网络是一种异质相关的创新主体之间的大协同。产业集群内创新主体通过契约或股权联结形成了网络化的新型组织，网络内部各主体之间通过协同，逐步演化成新组织结构，形成复杂的自组织系统。

（1）协同创新网络提高了区域市场运行效率

集群的迅猛发展，协同创新优势促进了劳动分工，提高了生产效率，加快了产品的更新换代，为区域专业市场注入了更多的新鲜血液，从而丰富了区域专业市场的内涵，提升了市场品味，使其更具生机与活力。同时在专业市场的推动下，不仅使块状经济区域内的大量的中小企业能够共享到外部的生产要素、信息资源汇聚到整个网络层次上，使得中小企业充分发展其决策灵活、反应快速的特点，而且由于区域专业市场拓展了其产品的销售渠道，加快了企业资金流动速度，以及由规模经济带来的生产成本较低的优势，促进了中小企业的快速发展。在产业集群区，无论是主产品的生产，还是附属行业的配套服务，都天然形成严格而精细的分工，因而降低了因转换生产加工环节而必须付出的成本，提高了劳动生产率。产业集群内部的高度竞争性也足以使该产业能保持较高的产业效率和竞争力，市场运行的效率才是区域经济发展不竭的动力之源。

（2）协同创新网络引发了区域产业结构调整

集群机制中的企业创新速度高于集群外企业，成为持续创新的中心。新产品的大规模生产必将引发和促进集群内部相关产业或部门的形成，形成法国经济学家佩鲁所称之为的"推进型产业"，而新产品在功能、品质上超越原有同类产品，也势必导致同一产业内部发生分化。其变化的最后结果表现为某一产业的企业逐渐发展壮大，而一些生产部门逐渐衰退，甚至消亡。于是就产生了所谓的"朝阳产业"和"夕阳产业"。由此可见，技术协同创新通过引发产品、产业的更替，促使一些新兴产业不断兴起和发展壮大，部分原有产业的作用逐渐下降，或者被淘汰，转移至其他区域，从而促进了区域产业结构的调整。协同创新不仅引发和促进了产品的更新换代，而且也诱导和改变了消费者消费需求的取向，从而引发了区域消费结构的变化。消费结构的变化可以改变生产活动，有助于区域产业结构的优化升级，对商业贸易活动产生引导，引发和促进区域贸易结构的变化。

（3）协同创新网络强化了区域生产互动效应

企业通过共同使用公共设施减少分散局部所要增加的额外投资，通过低碳产业的空间集聚实现同类企业整体规模增大而产生的外部规模经济，通过企业之间专业化分工协作获得外部范围经济。外部经济具有正反馈作用，即一旦某个产业集聚在某一地区，外部经济就会吸引新的企业选择这一区位，这一自增强机制促进集聚体进一步产生更大的外部经济。同时，也有利于专业化深度发展。协同创新有利于集群内企业的专业化分工协作。专业化与分工的利益早在经济学家斯密的著作中就已经特别强调。斯密认为分工是经济增长的核心。研究分工理论的著名经济学家杨格指出，递增报酬的实现取决于分工的发展。而且，一个社会如果缺乏足够高水平的分工和足够大的产品市场，不仅新技术不能发明，即使发明了，在商业上也不可能被大范围地推广。在现实中，协同创新大大促进了企业与企业间的专业化合作,大幅度降低了成本,增强了区域竞争力。

（4）协同创新网络带动了区域工业化和城市化

工业化与城市化和协同创新密不可分。协同创新能引导和吸引小企业向城镇聚集,共享基础设施,从而促进了包括劳动力在内的生产要素不断由农业向工业转移,加快了工业化进程同时,产业集群本身就是城镇化过程,促进了基础设施建设、交通、通信及信息现代化发展,为城市发展提供了财力、人力劳动力就业与人口聚集、素质的提高、产业支撑,并带动第三产业发展和市场繁荣。工业化也推动了集群的发展,增强了区域经济的规模效益,促进了城市的自然形成,提升了区域国际竞争力,推进工业化进程。集群的发展促进了农村剩余劳动力的合理流动和优化配置,将逐步缓解我国长期就业的难题,加速推进我国长期存在且能难度极大的二元经济结构转型,将不断提高区域的人均收入,提升区域的国际竞争力。

（5）协同创新网络促进了区域经济增长

协同创新催生了许多新产品和新服务,满足了人们收入和生活水平提高后对更高层次消费品的需求。产业集聚促进了更多参与者进入和开辟市场,增强了市场的竞争力和新市场结构的演变。同时,从产业链的延伸和产业间整合所导致的成本节约,使大批企业极大地增值了其价值,这最终会通过收入的增加和价格的下降促进消费。同时,协同创新需要大量的高级人才,人才的培养和人力资本投资具有显著的双重经济效应,是在经济发展到一定层次后促进区域经济良性循环的助推器,人力资本投资本身就是一个享有好劳动力市场前景的高级人才生产过程,本身可以带动就业增加和劳动力生产率提高,人力资本消费作为一种经济运行的最终拉动力量,在现代经济条件下能极大地带动生产增长,从而促进了区域经济发展和区域经济增长。

（6）协同创新网络提升了区域竞争优势

集群通过企业集聚的形式,对内利用前向、后向的垂直联系,形成类似于大企业的垂直一体化生产,通过水平企业间的合作与竞争,促进了协同创新,有利于提高整体效率和竞争力,不仅在成本、价格、营销上有一定的特色,而且在产品差异化和功能多样化方面也具有一定的竞争优势,促进区域品牌建设。同时,集群对外形成产业壁垒,维持了市场竞争地位对内促进专业市场建设,规范集群内企业竞争合作关系,推动区域内产业发展。在我国,经济相对发达的省份正是靠协同创新取得了经济上的极大成功。比较具有典型性的集群包括浙江轻纺、电器、小五金、日用小商品等产业集群。

协同创新网络还表现出独特的社会文化特征和明显的历史传承性。如美国硅谷区域表现出"崇尚创新、勇于冒险、善待失败几开放平等"为核心内蕴的独特的社会文化,第三意大利表现出的鼓励中小企业发展、重视中介行业协会的市场环境,以及我国江浙一带地方产业集群所形成以亲缘、地缘、血缘关系为基础的企业关系网络等,都是区域社会文化和历史传统的长期发展演变过程中形成的,具有极强本地根植性的无形资产。集群的形成过程既表现为本地区以区域比较优势参与社会分工并逐步形成和深入其专业化产业区域的过程,同时也表现为文化传统、产业氛围等区域内部的无形资产逐步与区位、资源交互融合形成区域内企业网络和地方化生产体系的过程。正是这种独特的社会文化的形成,通过行为主体之间的交互作用与协同创新来实现区域技术创新能力与竞争力的提升,增强了区域竞争优势。

第三章

低碳产业集群协同创新要素与环境

熊彼特认为，创新就是将新的生产要素和生产条件引入生产系统，从而提高生产和产出效率。就此而论，生产要素资源的低碳化或结构高级化和生产要素的优化组合是协同创新的本质要求，是实现协同创新的基础。低碳资源要素是产业集群低碳发展的条件，产业集群的发展和低碳升级，自然也必须通过资源的优化合理配置，提高资源利用和产出效率。因此，对于低碳产业集群的协同创新，首先要研究产业集群协同创新所依赖的要素有哪些，这些要素在产业集群协同创新过程中发挥怎样的作用，更为重要的是研究各种要素资源的创新组合方式即创新的具体方式。

第一节　有关经济增长的理论

产业集群协同创新是多种因素相互作用的过程。对经济增长要素的分析，是产业集群协同创新和竞争力提升的研究起点，涉及要素分类和要素功能等内容。经济增长是指一个国家或地区在一定时期内所有产品和劳务产出的增加，也就是说，所有产业部门产品和劳务量的和质的增加。在影响产出的要素依赖上，经济增长与产业集群竞争力提升表现为共通性和一致性。因此，可以用经济增长的要素理论来表述产业集群竞争力提升的要素依赖与配置。

一、古典经济增长理论

1776年，英国古典经济学家亚当·斯密（Adam Smith）从人性假定（竞争机制）、分工、资本以及政府和制度等方面论述了国民财富增长的原因和依赖要素。但他主要强调了分工对于经济增长的意义，他在《国富论》的开篇之语就指出："劳动生产力的最大进步……似乎都是劳动分工的结果。"尽管斯密也重视技术创新的作用，但并没有把它提升至经济增长的主导地位。大卫·李嘉图（David Ricardo）在1817年《政治经济学及其赋税原理》中论述了赋税、消费、资本、地租与利润的关系，强调了扩大再生产的重要性。重视扩大再生产的目的在于增加年产量，而资本或投资只是一种手段。李嘉图认为资本主义扩大再生产的界限是利润。只要利润总量增加，扩大再生产就会进行下去。因此，李嘉图强调了资本和投资在扩大再生产和增加利润中的作用。

卡尔·马克思在《资本论》第二卷中提出，两大部类扩大再生产的前提条件是追加相应的不变资本和可变资本。这就意味着，在肯定劳动在经济增长中的作用的同时，也没有忽视资本对经济增长的贡献作用。他还考察了在总量不变的情况下，通过调整要素配置，在简单再生产的基础上也可以实现扩大再生产。他通过平均利润率下降规律的分析，肯定了技术进步对经济增长的积极作用。他还考察了资本主义经济危机发生的普遍性和周期性，论证了只有社会主义取代资本主义，才能克服这一基本矛盾的存在，实现经济的持续增长。由此可见，马克思早在现代经济增长理论产生之前，就已经对经济增长的要素进行了较为全面的考察。

在古典经济增长理论中，还必须提到对经济增长持悲观主义的极端代表——马尔萨斯（Malthus）。马尔萨斯（1798）在《人口原理》中提出，"人口若不受到抑制，便会以几何比率增加，而生活资料却仅仅以算数比率增加……要使全体社会成员都过上快活悠闲的幸福生活，那是无论如何不可能的"。当人均收入超过均衡水平时，人口的死亡率将下降，而出生率将上升，从而使社会总人口增加，而总人口的增加又使人均收入回到均衡水平；反之亦然。这就是著名的"马尔萨斯陷阱"。显然，马尔萨斯没有看到技术进步的巨大作用。

二、哈罗德—多马模型

哈罗德—多马模型（Harrod–Domarmodel）是现代意义上的经济增长理论。所谓现代意义，即以经济增长为研究的中心问题，以总量生产函数为分析基础，不仅可以用来解释一国的长期的经济增长问题，还可以解释一个产业的长期发展路径及其决定要素。哈罗德—多马模型建立在凯恩斯国民收入均衡理论之上，认为当经济实现稳定性增长时，其经济增长率为：

$G=S/V$

其中，G 代表均衡的经济增长率；S 为储蓄在总产出的比重，即储蓄率；V 是一个常数，即资本—产出比率。

要实现完全就业条件下的稳定增长，就必须使"人口增长率""实际经济增长率""有保证的经济增长率"即均衡增长率三者相等。但这一条件在现实中很难满足，所以，要实现长期均衡增长几乎是不可能的，因而这一增长被形象地称为"刀锋式"的经济增长。

三、索洛模型

新古典综合学派经济学家索洛在1957年发表的《技术变化与总生产函数》中，考察了技术进步对经济增长的作用。他在生产函数中加入了技术进步的因素，并将经济增长由技术进步引起的部分和由人均资本占有量变化引起的部分区别开来。这里所说的技术进步是指经济增长中不能被生产要素的增加所解释的部分。由此，索洛认为，技术水平的提高、劳动者素质的变化、其他改变生产函数的因素都归入到技术变化之中。

这一模型的核心观点是，资本、劳动的增长率及技术进步共同决定经济增长率。该模型的理论意义在于突破了以前"资本积累是经济增长的决定性因素"的观点，第一次在数理模型上强调并证明了技术进步对经济增长所起的决定性作用，因此该模型又被称为经济增长的技术决定论。该模型的缺陷在于把技术进步视为给定的外生变量，未对技术进步原因做出合理的解释。因此，这一模型又称为外生增长模型。

四、内生增长理论

新经济增长理论将人力资本要素引入经济增长模型并置之于突出位置，论证了经济长期增长的根本原因在于人力资本的积累和持续增长。美国经济学家舒尔茨提出了人力资本的理论体系，认为人力资本是人们花费在教育、健康、培训、移民和信息取得等方面的成本所形成的资本，依附于作为主体的人而存在。他认为人力资本投资的收益高于物质资本收益，是现代经济增长的主要动力和源泉。阿罗在《边干边学的经济学意义》中提出的阿罗模型被看作众多内生增长理论和技术进步模型的思想源头。

罗默（Paul Romer，1986，1990）建立了"收益递增的长期增长模型"，在该模型中，技术进步被内生化，成为经济增长的内生要素，是知识积累和人力资本增长的结果。知识积累和人力资本取代物质要素成为经济增长的主要因素。知识积累和人力资本本身具有收益递增的特点，而且通过其外部效应使得物质资本和其他要素也产生递增收益，由此建立起两个内生经济增长模型。该模型解释了在物质要素的规模收益递减的情况下实现经济长期增长的原因，克服了传统经济增长理论和新古典经济增长理论对经济长期均衡增长的悲观论调。罗默模型将知识这一重要生产要素引入生产函数，认为一般性知识可以使全社会获得规模收益，专业化知识则会使个别厂商获得超额利润，进而形成投资促进知识——知识促进投资的良性循环。他还尝试将生产要素分为资本、非技术劳动力、人力资本（可以用受教育年限来衡量）和"点子"（设定用专利数来衡量），并提出增加和刺激研究开发资源投入，提高知识积累和经济增长率的政策建议。

卢卡斯（Lucas，1989）在《论经济发展的机制》中，对新古典模型、人力资本积累模型和"边学边干"的专业化人力资本积累模型进行了比较分析，并力图建立起具有普世价值的能够解释经济长期增长的动态机制。他还将技术进步具体化为体现在生产中的一般知识和表现为劳动者劳动技能的人力资本，从而把技术进步和人力资本进一步结合起来并具体化。他认为人力资本的培养有两种方式：一是脱离生产岗位的学校教育；二是生产中的"边干边学"和经验积累。而知识和学习具有外部效应，从而使规模收益递增成为可能。他还根据自己的经济增长学说对国际贸易开展了独到研究，将传统的绝对成本优势论、比较成本优势论和资源禀赋优势论等"物质资本优势论"发展为"人力资本优势"理论，认为一国应集中生产出口具有人力资本优势的产品或服务。

五、结构主义学派

"二战"期间和"二战"后，一些经济学家研究了发展中国家工业化所面临的结构问题，强调经济结构转换的重要性。20世纪70年代，以弗里曼、纳尔逊、温特和罗森博格等为代表的结构主义学派，指出结构变化是经济增长的先决条件，在经济增长的要素中处于核心地位。结构变化并不总是可行的，也不总是平滑和连续的过程。技术变化是内生的变量，是企业或其他组织有意识、发挥主观能动性的努力结果。从市场交易看，知识和技术是不能够免费转移的，转移是需要付出学习费用的，并且它们在市场各主体之间的配置是不均衡的，因而是构成一国企业、产业或者国家竞争力差异的一个重要源泉。结构变化的条件包括经验与技术能力，包含人力资本教育、培训和通用研发等在内的基础设施，具有冒险和创新精神的企业家以及市场规模和特点。在结构因素中，人力资本被视为结构变化的关键因素。

结构主义学派对人力资本高度重视的观点，与新经济增长理论的基本结论相一致。二者基于不同的研究视角将技术进步内生化，论证了人力资本的重要性，从而将国家干预主义引入到经济资源的配置中去。不同的是，新古典理论将技术变化视为外生因素，认为通过作为生产要素的资本和劳动之间的市场替代就可以实现资源的最优配置。这是两种不同的理论。结构主义学派在对结构的分析中，隐含了社会制度的背景与因素，从而为新制度经济学的兴起埋下了伏笔。

六、制度理论

新制度经济学的代表人物道格拉斯·诺斯（Douglass C.North）在《1600-1850年海洋运输生产率变化的原因》一文中指出，在这一时期海洋运输技术没有多大变化的情况下，海洋运输生产率提高的原因在于船运制度和市场制度发生了变化，从而使海洋运输成本降低。

诺斯、罗伯特·托马斯在发表的《西方世界增长的经济理论》（1970）和《庄园制的兴衰：一个理论模式》（1971）中明确提出，经济增长的关键在于制度因素，一种提供适当的个人刺激的有效的制度是促进经济增长的决定性因素。在1975年出版的《西方经济的发展》中，他们进一步提出，"有效率的组织是经济增长的关键；一个有效率的经济组织在西欧的发展正是西方兴起的原因所在"，而"有效率的组织需要在制度上做出安排和确立所有权以便造成一种刺激，将个人的经济努力变成私人收益率接近社会收益率"。对于知识、技术进步、教育发展、资本积累等，他们认为，"并不是财富增长的动力；它们乃是增长"。

综上所述，本书认为产业低碳升级抑或经济增长的要素是多方面的，仅靠一种理论或模型或许能够解释特定历史阶段和环境条件下的经济增长的动力源泉，但难以覆盖产业低碳升级或经济增长的全部历史和空间区域。因此，一个国家或区域的产业低碳升级抑或经济增长，必须在有效合理的制度背景下，依靠技术进步，加大教育投入，提升人力资本含量，并投入一定的资本和自然资源，同时要注重各种要素的结构、组合，以提高资源要素的配置效率。

第二节　驱动低碳产业集群发展的要素

从上述经济增长理论的分析可以看到，资本、技术、人力资本、结构和制度等都是影响经济增长的要素。陈秀山和张可云（2003）从供需的角度将增长要素划分为供给面要素（生产要素）、需求面要素和作用于供需两方面的要素三类。供给面要素包括土地、资本、劳动、技术等；需求面因素包括私人公共的消费需求、投资需求；作用于供需两方面的要素包括技术进步、空间结构、产业结构、基础设施体系、国家产业政策和区域产业政策、政治体制、社会体制、法律、意识形态、文化历史传统等。郝寿义和安虎森等（1999、2004）将经济增长要素分为六类：自然条件和自然资源（恒常要素）、劳动力要素（资源）、资本（物质资本）、技术条件（技术进步、创新）、结构变化（产业结构、空间结构、企业组织结构等）、制度安排（区域经济政策、体制、政策法规、道德、伦理、观念和习惯等）。总体而言，影响经济增长的要素可划分为三个大类别：（1）生产要素。包括劳动力、资本、技术等生产要素，对经济增长具有决定性作用；（2）制度要素。制度供给的有效性是影响经济增长质量和速度的重要因素。制度可以分为正式制度（体制、法规、政策、组织、规划等）和非正式制度（道德、伦理、观念、风俗习惯或文化传统、企业家精神等）。（3）结构要素。西方区域经济增长理论研究的侧重点是区域经济增长的动力机制及其区际差异，其中，产业结构及空间结构一般被置于其理论框架之内，作为影响区域经济增长的一个变量（魏后凯，1990）。结构因素包括微观层次的企业组织结构、中观层次的产业结构和空间结构、劳动就业结构等。上述资源要素的归类一般侧重分析各种主要要素对经济增长的影响作用（于宗先等，1986；陈栋生等，1993；郝寿义、安虎森等，1999、2004），但没有将创新要素突出来。结合上述要素的分类，可以根据要素在产生升级中的创新功能的发挥，将经济增长要素区分为"一般要素"和"创新要素"两类。一般要素是传统经济学意义上的增长要素，主要包括：劳动力、自然资源、资本等。创新要素是具有非竞争性、非消耗性的经济增长因素，主要包括：知识资本、人力资本、制度要素、社会资本、创新基础设施等。一般要素与创新要素具有明显不同的特性：一般要素具有显性特征，看得见，摸得着，创新要素具有隐性特征，看不见，摸不着；一般要素具有稀缺性和损耗性，创新要素则具有丰裕性和再生性；一般要素具有排他性，外部效应不强，创新要素多具备共享性，具有很强外部性；对两类要素特性的对比研究在于深刻理解它们在经济增长中功能的区别，一般要素具有边际收益递减特点，而创新要素具有边际收益递增特性。

一、基本要素

基本要素包括自然资源、地理区位、气候状况、人口分布等，是遗传的因素或先天的条件。从早期的产业集群现象来看，充分利用自然资源条件是产业集群产生的主要原因。就特定区域而言，由于某种优势自然资源的聚集，导致报酬递增，从而在该区域这有助于打造具有竞争优势的产业集群。如广东东莞之所以能够吸引众多外商 IT 企业的投资，主要是由于其毗邻香港且拥有廉价的劳动力资源；江西新余之所以形成光伏产业聚集，与其位列全国第二的硅灰石储量密不可分。然而，低层次的、基于传统自然资源禀赋的基本生产要素只能带来静态比较优势。随着生产要素的快速流动和技术创新，单纯依赖基本要素资源的产业集群，其竞争力会逐渐削弱。

（一）自然资源与能源

经济发展和产业低碳升级离不开自然资源和能源。狭义的自然条件包括自然地理位置、地质条件、水文条件、气候条件等；广义的自然条件包括自然资源在内。狭义的自然条件作为环境因素，间接对经济增长产生作用。自然条件和自然资源作为经济增长的物质基础，是影响区域经济增长的基本要素，具体表现为对劳动生产率的影响、对区域产业结构的影响、对区域初始资本积累的影响等，亦即首先影响区域经济的投入结构，进而影响区域产出结构。

（二）劳动力

劳动力资源是指区域内劳动力的总和，是存在于人的生命体中的一种经济资源。劳动力资源的数量和质量是决定区域经济增长的重要因素。丰富的劳动力资源为区域经济增长提供了最基本的条件；否则，就会直接影响区域经济增长所需人力资源的供给。劳动力资源丰富的地区适合发展劳动密集型产业，而劳动短缺、资金丰富的区域则适宜发展资本密集型产业。劳动力素质（即劳动者具有的体质、智力、知识和技能的总和）的提高必然导致劳动生产率的提高以及产出的增加。有序的劳动力空间流动有利于促进劳动力资源的重新配置，在一定程度上促进各种劳动力流入区、流出区经济增长。

（三）资本

资本的形成对经济增长具有决定性影响。资本形成的一种重要路径是：储蓄（居民、企业或政府储蓄）转化为投资，进而形成物质资本（机器、设备、厂房、基础设施等）。区域经济增长并非单纯取决于储蓄和可投资资源的供给，而是主要取决于对这些资源的合理利用程度。资本的有效配置包括资本的时间配置和资本的空间配置。经济要素禀赋的差异、经济要素流动的强弱、经济要素技术水平的差异等直接影响资本的配置效率。

二、创新要素

对于产业集群发展而言，资源要素不仅包括基本要素，而且包括创新要素或高级要素。高级生产要素主要指人力资本、知识、技术、制度及其他无形要素。随着信息经济、网络经济的深入发展，信息、网络、管理等高级生产要素在经济活动中的重要性也日益凸显。由于交通通信和贸易的发展、技术的进步、可替代原料的增多等，基本生产要素对于集群发展的重要性正在下降，高级要素重要性则不断上升。高级要素的培育和创造对产业集群创新能力和竞争能力的提升极为重要，已成为影响产业集群持续发展并实现升级的关键因素。其中，知识资本、人力资本、技术要素、制度和结构要素、社会资本、企业家以及创新基础设施等高级要素对集群创新和升级发展具有特殊重要的作用。

（一）知识资本

一般认为，知识是能被交流和共享的经验和信息。真正的知识不仅是信息，还包括对信息的理解和解释。根据 OECD 的研究，知识有 know what/know how/know why 三种类型。知识和其他生产要素相比，特别是与自然资源相比，具有创造性、无损耗性、无限性、非排他性、巨大波及性等特性，既是具有非竞争性、非排他性等公共属性的公共物品，又是具有价值、使用价值、可交易性等商品属性的私人产品。知识有编码化知识和隐含经验类知识，前者能够快速流动和传播，而后者只能在一定地域范围内进行传播。知识的产生和积累，通过对物质资源进行合理的、科学的、有效的配置，实现资源的优化配置，不断开发出富有的自然资源，并创造新的财富。知识的创造、流动和交易需要投资和成本支出，创新知识通过转化为技术进步成果和现实的产品服务，能带来经济收益，这被称为知识资本。

知识的共享和累进是创新集群发展的重要基础。地域邻近、相似专业背景、共有社会环境为群内人力资源间的频繁接触和沟通创造了条件，有助于在群内建立相互信任和长期稳定的关系。在此基础上，群内人力资源的沟通（尤其是非正式沟通）和流动的协同学习（尤其是隐性知识的学习）将促进创新经验和技术信息的大量积淀和累进。

知识产权制度是激励和运用创新、实现创新价值的重要载体。世界贸易强国为保持其在国际分工中的高端地位，特别强调知识产权的储备、保护和运用，因为它在技术创新、品牌创新和质量升级中的发挥着重要的作用。美国高通公司，每年投入几十亿美元用于研发通信技术，同时通过专利许可收回 60 亿 ~70 亿美元，形成研发—技术垄断—专利收费的良性循环模式。美国高智公司建立了一个以巨资收购原创技术，然后运营知识产权的商业模式。现代企业的资产构成中，无形资产占有的比重大小已经成为衡量企业竞争力的重要标准。一般而言，具有竞争力的企业，无形资产在其资产总量中占有50%以上。

（二）人力资本

在创新体系的诸多要素资源中，人才是最根本、最活跃的要素，主要包括企业家群体和创新各环节所需的专门人才，构成了创新系统的人才资源基础。创新系统的成功运作是包括多个运行环节或阶段的社会行动，无论是创新资源的配置、创新活动的执行，还是创新制度的建立和创新基础设施的建设均依赖于各类专业人才的参与，创新的运行速度和效能都取决于从事该环节工作的人才的科技水平、创造能力和管理能力。作为人力资本学派的创始人，美国经济学家西奥多·舒尔茨就曾经指出："在通过科技进步提高生产力的问题上，资本的传统概念必须加以扩大，以便容纳人力资本。"他还特别强调人力资本在经济增长中的作用：

"从分析的角度来说，如果有可能将不同形态的人力资本集中在一起，其作用会大大超过全部非人力资本。"这是以一种经济学投入产出分析框架中的资本概念阐明了人力资源的储备以及对其进行投资对于创新系统功能发挥的重要作用。

（三）技术要素

技术是解决生产、生活实际问题的方法的总和，既包括知识、经验等软技术，又包括工具、设备等硬技术。新经济增长理论将技术看作是经济增长的重要内生变量，使技术进步对经济增长的影响跃居主导地位，也使得区域的技术能力已成为区域经济增长的核心要素。技术因素对区域经济增长的影响主要表现在：不同的技术条件决定了各种要素在经济活动中的结合方式；技术进步不断改变劳动手段（包括生产工具以及机器设备）和劳动对象；技术进步能促进劳动力素质的提升；技术进步能促进产业结构的优化升级等。

（四）制度和结构要素

政府通过正式制度安排（体制、政策、法规、组织、规划）可改变区域的要素供给特征和要素配置效率，进而影响区域经济增长速度。区域非正式制度安排（道德、伦理、观念、风俗习惯或文化传统、企业家精神）的差异引致区域制度创新能力的差异，进而影响区域经济增长速度和质量。

经济系统内企业组织结构调整、产业结构优化配置和空间结构的合理有序等，都是促进经济系统资源优化配置的重要途径，也是促进经济增长的重要因素，进而影响区域经济的稳定增长。

（五）社会资本

社会资本是起源于信任、互惠和行动规则之上的社会联系，是能够通过推动协调的行动来提高社会效率的信任、规范和网络的总称。和物质资本、人力资本及金融资本一样，社会资本是一种能在特定范围内共享的经济资源，这种经济资源不是区域或集群天然拥有的，而是在长期历史演进过程中逐渐积累形成的。社会资本发挥作用的大小与人们之间是否存在相互信赖、忠实、坦诚等密切相关。社会资本（或称关系资源、信任）越多的产业集群内，行为主体之间尤其是企业之间信任度就会越高，共同行动的阻力就越小，可以增加企业合作的意愿就越强烈，由合作而导致提高企业合作效率，降低交易成本就越低。同时，人与人之间建立起来的高度信任的社会联系成为集群内知识、信息等创新要素快速流动的基础性条件，行为主体间信息和知识交流通畅，企业不用花费很多的时间和精力就能获得所需的信息、知识和服务，实现集群内知识和信息的积累、交流、共享，促进集群技术学习、相互之间的合作、问题的解决、创造力的发挥、效率和生产力的提高，增强区域的创新功能。

（六）企业家

企业家是一种特殊的人力资源，是将各种生产要素结合在一起并不断提高产出效率的决定性因素。很多经济学家都认为企业家在经济发展、资源配置中具有重要作用。英国经济学家马歇尔把组织看成劳动、资本、土地三大传统要素之外的第四个要素，并且强调组织中的企业家承担着组织领导者、风险的承担者、中间商和创新者等多项职能，具有重要作用。诺斯从制度创新的角度，把企业家视为能够预见制度创新的潜在收益的决策者。熊彼特把企业家同创新者联系起来，认为企业家是商业周期和经济发展的推动力量。他认为，企业家在引进新的生产方法、发明新产品、形成新的工业组织形式、开辟新货源和新市场等都发挥着巨大的作用。因此，创新是企业家的生命和灵魂。熊彼特关于企业家是创新者的观点被普遍当作企业家的标准。

研究企业家与产业集群发展之间的关系可以看到：企业家是产业集群发展的主要要素资源，是企业网络的创建者、促进者。李新春认为，中小企业集群的形成是企业家的聚集过程，是个体企业家精神引发群体企业家模仿的过程。首先，企业家的经济活动具有较强的外部性。企业家自身较高的经济绩效，往往会对集群网络的其他主体产生重要的影响，尤其是被其他经济主体发现后，一部分企业成为模仿者或追随者，一部分则从事相关配套产品的生产和经营活动。企业家以自己的创新活动推动着其他个体的创新、创业活动，并由此带动地方产业集群的萌发和兴起。从这个角度上说，企业家增加了地方人力资本，越是企业家密度高的地区，新生的企业家数量越多。其次，企业家的活动通过地方网络与其他行为主体发生密切联系。企业家不仅是地方网络的发动者，还将他们的创新成果在集群内扩散开来。如果缺乏具有创新能力的企业家，即使拥有良好的资本、劳动力、自然条件乃至技术优势，也难以将这些条件优势转化为经济效率优势。浙江的一些产业集群之所以能保持高速增长，本质上来源于不断创新的企业家精神，或者说是一大批具有创新精神的企业家。

（七）创新基础设施

产业集群是适于创新创业的载体环境，之所以这样说，是因为产业集群内有丰富的创新基础设施。创新基础设施，顾名思义是指为产业集群内创新主体服务的公用设施，是公共产品的重要组成部分，包括公用图书馆、实验室、会议室、信息化基础设施和公共信息服务机构，以及全民普及的基础教育、劳动者技术培训、企业家培训等无形的服务。创新基础设施是公众获取知识和信息，从事创造性学习和研究活动的主渠道，人们通过这些创新基础设施就可以跨越许多无形的障碍，方便快捷地接触到创新思想的原材料、知识和信息。

作为重要的公共产品，创新基础设施及相应服务的提供是政府的重要职能。政府不仅要对这些设施和服务加大投入，还要鼓励民间资本参与各种公共服务机构的建设。在创新基础设施建设方面，一是政府要动员各种社会力量打造各类专业孵化器，鼓励其在服务空间、服务对象、服务手段、商业模式创新等方面开展创新业务提高孵化器运营机构的服务能力和管理水平；政府还要支持高校院所与企业和相关区域联合共建科技成果的转移和转化中心，促进科技成果的转化和科技企业的孵化；政府还要建立企业加速成长机制，大力发展适合于高成长性企业加速发展的科技企业加速器等。这样，就会形成从高校院所科技创新成果到科技成果转化和孵化企业，再到科技型中小企业（硅谷又称为瞪羚企业）和科技型大型企业，直至发展为创新型产业集群全过程的公共服务设施体系。

第三节　资源优化组合驱动集群协同创新

经济发展最终依靠资源优化配置提高资源产出效率。按照熊彼特的创新定义，创新是构建新的生产函数，对生产要素和生产条件进行重新组合。产业集群协同创新作为一种经济发展现象，最终要依靠资源要素优化组合。通过具有边际收益递增特性的创新要素替代、改造传统要素，并进行重新组合，提高资源要素产出效率，实现内生增长型的产业集群协同创新。

一、资源要素之间的关系

在市场机制、政府调节等创新机制共同作用下，创新主体对资源要素进行配置，形成各种各样的组合关系。不同的组合关系对应不同的产业发展模式，具有不同的资源配置结构和配置效率。产业集群升级就是要对基本要素资源和集群特有的要素资源、传统要素资源和创新要素资源、边际收益递减要素资源和边际收益递增要素资源进行优化配置和有效组合，形成协同创新的内生发展模式，从而促进产业集群协同创新。在创新机制作用下，创新主体对包括创新要素和基本要素的各种要素进行高效配置、优化组合。因而，各种资源要素之间形成了替代关系、互补关系、改造提升、升级转化关系和集成整合关系等。

（一）替代关系

替代关系是协同创新过程中，创新要素取代一般要素成为经济发展的主要因素。当一种资源的边际收益超过另外一种经济资源时，生产者就会在生产体系创新系统中引入这种资源要素，从而代替边际收益较低的要素资源。协同创新集群低碳升级，就是要用创新要素来替代传统要素，从而使具有边际收益递增特点的创新要素在经济发展和产业升级中发挥更加重要作用。这是因为在一般情况下，创新要素的边际收益要高于传统要素的边际收益。比如，企业在发展过程中，加大科技创新、人才引进养、创新平台等投入的比重，从而使人力资本、知识资本、技术因素等创新要素在发展中占据更大比重，相应的替代了低水平劳动力、自然资源和投资在经济发展中的地位和作用，也使得协同创新发展的新模式替代了要素驱动的传统发展模式。

（二）互补关系

互补关系是协同创新过程中，创新要素和一般要素之间相互补充和协调实现经济发展。协同创新发展过程是创新要素替代一般要素，从而协同创新发展模式替代要素驱动或投资驱动发展模式，实现内生增长的过程。

但这并不意味着协同创新可以不需要一般要素，恰恰相反，创新要素之间、创新要素与一般要素之间只有紧密配合，相互补充，才能形成生产能力，进行科技创新和协同创新。只有相互协调、相互匹配，相互补充，才能保持企业的创新发展。

（三）改造提升关系

改造提升关系是协同创新过程中，创新要素作用于传统要素以提升传统要素的效率和功能。协同创新强调通过智力资源去开发丰富的、尚未开发的自然资源，逐步取代已经面临枯竭的资源，节约并更加合理利用已开发的自然资源。例如，在经济发展中，由于技术进步，提高了土地、矿产等自然资源的产出或利用效率，有效利用沙漠、海水等未曾开发的自然资源等，由此形成技术因素对自然资源的改造提升。

（四）升级转化关系

升级转化关系是协同创新过程中，同一种生产要素发展演化关系。随着经济发展和技术进步，同一种资源要素将会升级转化为更高等级的资源要素。比如，一种生产技术被另一种更先进生产技术替代，一种制度安排被另一种效率更高的制度安排所取代，一种结构形式被另一种更合理的结构形式所覆盖，这样就通过要素资源的升级转化实现了技术创新、制度创新、组织创新，形成协同创新。

（五）集成整合关系

集成整合关系是协同创新过程中各种要素之间的关系。协同创新是在创新机制作用下，通过创新主体的协同实现创新各种要素集成和整合的过程。集成创新源于熊彼特的创新理论与经典管理思想中系统原理之间的结合。该理念认为创新是一个包括生产、经营、组织、管理各方面内容的系统整体，创新过程是对企业各种要素，包括技术、制度、组织、管理、文化进行整合和集成的过程。集成是一种创造性的融合过程，经过主动优化、选择搭配，使企业各种要素相互之间以最合理的结构形式结合在一起，形成一个由适宜要素组成，相互之间优势互补和匹配的有机整体。产业集群由地理上靠近的相关企业和组织构成，可以获得外部规模经济效应和外部范围效应，更重要的是对集聚体中资金、技术、人才、自然资源、企业家等各种投入要素的整合能力，发挥集聚体中企业、政府、高校院所、中介机构等在集群发展中的协同效应，使集群成为具有很强技术外溢效应和自我强化功能的区域创新系统。

二、创新要素与协同创新的关系

从实现协同创新投入要素角度来看，将经济发展影响因素区分为创新要素和传统要素是开展协同创新机理研究的前提。创新要素在生产发展中投入更多，创新要素对传统要素替代作用更强，创新要素对传统要素改造作用越大，在全要素生产率中比重越高，协同创新发展就越能实现。为此，应该在创新要素资源的供给、需求、配置及整合等方面采取措施。

（1）在创新资源的需求方面。完善资源要素价格形成机制、加大政府激励引导和扶持力度，鼓励创新主体增加对创新要素资源的使用，加大创新要素对传统要素改造、替代的力度，优化资源要素配置结构。

（2）在创新资源的供给方面。创新资源要素的稀缺性是制约协同创新的重要原因之一。一方面，政府应加大对作为公共产品的创新资源要素的供给。比如，提高加大教育培训力度，提高人力资本水平；加大对创新基础设施投入，为科技创新提供基础条件；支持基础研发和前沿技术研发，增加全社会创新知识储备等。另一方面，通过完善市场体系，健全市场机制，规范市场秩序，通过社会需求和市场需求引导创新资源的生产和供给。

（3）创新资源的优化配置方面。市场机制是实现资源优化配置的决定性机制。创新资源与传统资源要素进行优化组合的创新过程，有赖于完善的市场条件和适宜的市场环境。政府的作用主要是通过制度创新、提供公共产品和服务、规范市场秩序等，为协同创新提供激励与保护，创造协同创新的环境和条件，弥补市场在创新资源要素配置中的失灵现象。比如，在产权进行清晰界定、严格保护和有序流转的前提下，知识技术等创新资源才能实现优化配置。为此，政府应完善知识产权相关法律法规，加大对知识产权保护力度，促进知识产权的创造、应用和交易。

（4）创新资源的共享整合方面。建立健全科技信息和资源的开放共享制度，促进科技资源、人才的优化配置和高效利用。比如，建立健全高校、院所和企业的科研设施和仪器设备等科技资源向社会开放的运行机制。加大国家级和省部级重点实验室、国家工程实训中心、国家工程（技术）研究中心、大型科学仪器研究中心等科研机构向企业和社会开放的力度。提高区域性科研设备协作水平，提高对企业技术创新的支撑服务能力等。

第四节　低碳产业集群协同创新的环境

一、集群发展与创新环境的关系

研究创新环境的目的，在于寻求集群创新发展的机会和避免环境威胁。因为，任何一个经济系统的发育成长，都离不开环境的建设和支持，没有环境要素支持的经济系统不过是一个理想的模型。环境为经济系统提供激励、保障及各种物质和非物质条件的支持，是经济系统各行为主体赖以生存和发展的基础。环境由多种相互影响、相互制约的因素构成，包括经济、政治、文化、社会、科技乃至自然环境等因素，经济系统"有序结构"的形成和系统功能的实现离不开由这些因素互动协调形成的良好环境。

低碳产业集群是一个开放的经济系统，也是一个开放的创新系统。在系统内部，各个组成部分分工协作，形成一个相互促进的网络系统，系统边界之外就是低碳产业集群的社会环境。从低碳产业集群各环境因素对集群系统的影响程度出发，可以从三个维度确定影响集群升级和创新发展的基本变量：区域创新环境、国家创新体系和全球价值链。需要指出的是，并不是这三个因素涵盖了集群发展的所有社会环境因素，而是从集群、创新、产业三个角度来讲，这三个因素在协同创新集群升级中发挥的作用超过了其他因素。同时，这三个因素各有侧重、互相交叉，相互联系、相互影响，共同促进集群创新系统的发展和完善。产业集群作为具有地域根植性的产业组织系统，首先与区域环境或区域创新环境发生紧密联系。区域创新环境是指存在于产业集群创新系统之外的动力因素，对区域创新主体的创新活动具有激励功能，对创新资源具有整合作用。区域创新环境通过诱导、刺激、驱动等方式，转化为集群创新的内在动力，是实现协同创新的动力条件。当产业集群与外部环境之间相互协调、互利互补时，就能够从外部环境获得更多创新要素的支持，有利于协同创新能力的提升，维持并产业集群的竞争优势，实现持续、健康发展。营造区域创新环境的目的主要是：不断吸引外来的企业、投资、技术和人才的流入，为区域发展提供所需要的创新资源要素；促进本地企业和机构之间的合作与协同，减少机会主义出现，降低交易成本以及培育创新的企业家队伍等。

低碳产业集群是一个开放的组织系统，集群内各行为主体的行为都受到集群所在的社会文化、制度、规则、习俗习惯等环境因子的影响。低碳产业集群与其根植的区域创新环境之间相互影响、相互促进，共同推动区域发展。

二、低碳产业集群协同创新环境的构成

低碳产业集群的创新环境包括两个方面：宏观环境和微观环境。宏观环境是指那些能为产业集群发展带来机会和威胁的社会力量，包括自然生态环境、经济技术环境、政治法律环境、社会文化环境等。宏观环境对产业集群发展的影响是间接的，但又是深远的。产业集群具有地域根植性，因此，对产业集群发展产生最直接影响的是微观的区域地方环境，包括社会文化环境、市场法制环境、技术创新环境、政务环境等。王辑慈等认为，区域创新环境包括区域创新硬环境和区域创新软环境。前者包括一般意义上的基础设施条件，如交通、通信、水电等条件等。更为重要的，区域创新环境还包括创新基础设施和条件，如公用图书馆、公共实验室、公

共会议室、公共信息服务机构以及社会化教育培训机构等；后者则包括社会文化环境（如价值观念、文化水平、心理素质、道德修养、法制观念、科学精神、创新意识和社会风尚等）、创新服务环境（主要指创新服务机构服务水平和规范程度）以及宏观调控环境（主要指政府宏观调控形成的环境，包括政府出台的规划、计划、政策、法律等）。

（一）社会文化环境

关于文化，有各种不同的定义。一般认为文化是指生活在一定地区的人们，在一定时间内对于自然、社会、人类自身的认识，以及利用这种认识改进人类生活的能力的总和，它集中体现在一个地区的风俗习惯、伦理道德观念和价值观念上，并逐步演变成一种社会行为规范，影响、制约着人们的行为。美国人类学家林顿（Linton, R. 1934）认为，社会文化是"某特定社会的成员共享并互相传递的知识、态度、习惯行为模式等的总和。"影响产业集群发展的社会文化环境，主要包括集群所在区域内居民的风俗习惯、主流的价值观念、劳动力的文化水平以及心理素质等。社会文化因素是影响和制约创新系统的重要环境变量。研究表明，区域竞争不仅是显性资源（如劳动力、资本、自然资源等）的竞争，更重要的是区域内高素质人才具有的创新思想、影响区域产业发展的创新知识、融入本地居民的共同的语言文化背景等隐性资源的竞争。这些隐性知识影响企业家的决策行为，渗透到区域各种创新活动过程中，规范着人与人之间的交流合作，从而直接决定企业发展的绩效和区域内创新活动的发生。

低碳产业集群是一个社会经济范畴，能否实现可持续发展不仅取决于经济因素，而且取决于社会文化因素和地域文化背景，与群体的价值观念、风俗习惯及信仰等均有密切关系。运行良好的集群往往存在着共同的文化传统、行为规则和价值观。尤其重要的，区域内具有的地方语言、文化、人脉资源、人们共同的生活习惯以及价值观，有利于企业间建立起以信任为基础的社会关系网络，促使集群各行为主体形成相互依赖与合作的关系，使企业之间的劳动分工、协调与沟通得以顺利进行，降低交易费用和交易风险，减少创新的不确定性。美国硅谷是人类创造的奇迹，它之所以取得成功，除了高校院所、知识、技术、人才等因素外，硅谷独特的"鼓励冒险、善待失败、乐于合作"的创新文化发挥了独特的作用。相反的，即使将发达地区的先进知识和技术扩散于一些落后地区，由于缺乏有利于创新的社会文化环境，先进的知识、技术也往往难以生根发芽。

（二）市场法制环境

成功产业集群的经验表明，产业集群的产生和发展主要是市场作用的结果。市场经济是法制经济，完善的法律法规体系和制度是市场得以正常运行的前提。随着市场在经济运行调节和资源配置中发挥的作用越来越大，市场法制环境对产业集群发展的影响越来越突出。

（三）技术创新环境

良好的技术创新环境是进行技术创新和创新传播的载体，包括完善的公共服务体系和健全的集群网络结构，也包括公共技术平台、信息平台和人才储备在内的基础设施以及企业、高校、科研院所之间产学研密切合作的机制等。良好的技术创新环境是政府、企业及相关机构共同营造的，政府在其中发挥了重要作用。

（四）政务环境

政府的服务水平和工作效率直接影响到企业的运营效率和交易成本，直接影响着投资者的信心和意愿。政府为集群内企业的发展提供的服务条件，包括政府的服务理念、服务方式、服务能力、服务效率等是产业集群内企业发展的重要因素。政府应该自我约束、严格执法、公正公平、务实进取，建立良好的政府信誉，打造良好的政务环境。

第四章
低碳产业集群协同创新网络形成机理

创新主体是在协同创新体系中决定创新资源配置的行为主体，包括参与经济和创新过程的各种机构、组织，是人们参与经济创新活动的载体和平台。创新主体有意识有目的的创新行为，促进了资源的优化配置和经济体系的有序运行。

第一节　低碳产业集群协同创新网络构成

根据网络组织理论，低碳产业集群构成了一种区域创新网络，即在一定的地域范围内，各个行为主体（包括企业、高校、科研院所、中介机构、金融机构、政府等组织和个人）在交互作用和协同创新过程中，彼此之间建立起来各种相对稳定并促进创新的正式或非正式关系的总和。产业集群创新系统的行为主体是围绕相同或相关联产业的企业及其他地方机构，它们在各种正式或非正式制度的协同作用下，通过各种正式或非正式的方式，促进知识在集群内部创造、储存、转移及应用的各种活动和相互关系。

区域创新网络的基本构成要素包括网络主体形成的网络节点、节点之间的关系链条、网络主体之间联系沟通的生产要素（劳动力、资本、知识、技术等）及其他创新资源。从网络节点来讲，区域创新网络系统主要包含组织间网络（或称正式合作网络）和个体间网络，前者是正式组织之间的契约型关系网络，更多受正式制度的规制，主要包括企业、大学、科研院所、政府等公共组织机构、中介服务性机构以及区域金融机构等；后者是各类正式组织社会成员间的非正式关系，是在共同的社会文化背景基础上建立起来的个体成员社会交往关系，主要受风俗习惯、价值观念、思想意识等一系列非正式制度的规制。这些非正式制度规范调节成员行为、降低交易成本、加速信息知识的传递和扩散，促进了创新和创新知识的外溢。而组织间正式网络包括两部分，一是基于产业分工的企业主体所构成的网络，包括从事相同行业的企业间的横向竞争关系和从事产业价值链中不同行业的企业间的垂直分工关系，生产差异化同类产品的企业之间市场竞争关系和企业之间所形成的沿产业价值链的垂直分工关系，二是地方政府组织、行业组织、代理机构等组成的公共机构主体网络。低碳产业集群协同创新网络构成见图4-1。

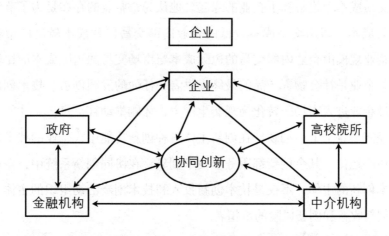

图 4-1 低碳产业集群协同创新构成示意图

在低碳产业集群协同发展中，各个行为主体具有多种创新功能，但由于资源优势、职能定位等不同，在协同创新经济发展中的创新功能的侧重点不同。一般而言，企业直接面向市场，是技术创新的主体，高校院所提则供了知识创新的源头，中介服务机构通过服务创新降低创新交易成本，政府运用强制力进行制度创新，对创新活动进行激励、引导和保护。通过各创新主体的协同合作，实现创新资源的优化配置，达到创新主体有效协同、创新资源优化配置、创新功能有机叠加，提高创新系统整体的创新效能和竞争力。

低碳产业集群的创新能力是由若干要素构成的综合性的能力系统，是企业、政府、高校院所、中介服务机构等创新网络主体所生成的创新功能的集成。低碳产业集群的创新能力主要取决于企业创新能力，并由集群中全部企业的技术创新能力体现出来。

一、企业：技术创新

企业是经济系统中主要的经济行为主体，是市场经济体系的微观构成部分。新制度经济学派代表人物科斯在其经典之作《企业的性质》一文中，运用交易成本理论解释了企业的缘起。他认为，企业的存在是为了节约市场交易成本，即用交易成本较低的企业内部交易代替成本较高的市场交易。企业规模由企业内部交易的边际成本与市场交易的边际成本的比较所决定。企业是社会物资产品的最终提供者，任何的发明创造、技术创新只有通过企业进入市场，转化为现实生产力，才能推动社会进步，才能真正实现经济学意义上的创新。在创新主体各种创新功能中，企业的技术创新居于核心地位，其余创新都服务于技术创新。在协同创新系统中，企业作为技术创新的主体，不仅是技术创新投入和技术创新活动组织的主体，而且是创新收益和创新风险的承担者。

技术创新主要是指由企业作为主体，以市场开拓为目标，以创新观念的引入为起点，经过创新决策、研究开发、技术转化和技术扩散等环节或阶段，进而实现技术和其他创新要素的重新组合，达到提升创新主体的经济地位的社会行为系统。按照熊彼特的创新理论，经济发展是指建立一种新的生产函数或供应函数，进行生产要素和生产条件的重新组合，即技术创新，包括产品创新、工艺创新、制度创新、市场模式创新、资源开发利用的创新、组织和管理的创新等。由此可见，技术创新是一个把我们通常所谓的发明创造和科技成果引入生产体系的动态过程，其目的是制造出能够满足市场需求的商品，从而实现其商业价值。因此，技术创新是科技与经济的结合点或中间环节，它既是一种技术行为，也是一种经济行为。

对企业与创新关系的研究可以分为四个维度：创新的动力或动机，解决企业为什么创新的问题；创新的能力，即决定创新绩效的影响因素；创新机制，即实现创新的具体方式；创新绩效，是企业开展技术创新活动取得的效果。最为重要的是进行企业创新动力机制的分析，就是要研究哪些因素引发企业的创新活动，以及这些因素相互作用推动企业创新的作用机理。

从根本上说，企业开展技术创新活动是由其理性"经济人"的假设所决定。理性经济人假设认为，经济活动中个体的动力来自对自身利益的追求，一切经济现象都是经济人利己本性的表现，即个人追求效用的最大化。因此，企业任何经济活动的起点都是收益最大化的计算。技术创新活动是一种技术经济行为，强调科技发明的市场和商业价值。企业进行技术创新的目的是追求创新收益最大化。换言之，企业作为理性"经济人"对持续的超额利润的追求是其进行技术创新活动的内在驱动力。企业在进行技术创新活动之前，首先要对创新活动的净收益和创新收益的滞后期进行预测，还要对创新活动的风险和自身的创新能力进行评估，只有在预期的时间范围内能取得较高的创新收益，且风险适度有较大成功概率，才会形成企业内部的创新动力。因此，企业进行技术创新是对与创新决策相关的经济、科技变量进行分析预测基础上做出的理性选择。

（一）企业低碳技术创新的动力模式

对技术创新动力模式的研究，国内外学者提出了各种理论观点，影响较大的有技术推动模式、需求拉动模式、综合作用模式及诱导创新说等。

1. 技术推动的低碳技术创新

技术创新理论认为，科学研究和技术发明创造是推动技术创新的主要动力。新技术既是技术创新的前提，又是推动技术创新的重要力量。新技术不断地被应用于生产，改善了产品性能，降低了生产成本，提高企业市场竞争能力，成为推动企业技术创新的强大动力。在这里，技术创新遵循一个线性模式：科学发现→技术发明→技术创新→市场需要，即科学发现推动技术开发，技术创新创造了市场需求，通过科技成果的市场化应用对经济产生影响。

2. 需求拉动的低碳技术创新

美国经济学家施默克勒（J. Schmookler）首先提出了需求拉动（needs-pull）技术创新模式。在他看来，与其他经济活动一样，专利活动，即发明活动，基本上是追求利润的经济活动，它受市场需求的引导和制约。该模型主要强调技术创新起源于社会或市场需求的拉动，需求对科学技术提出具体要求，拉动科学技术去解决市场和社会的需求问题，从而产生技术创新。技术创新活动在满足社会和市场需求的同时又会诱发新的需求，从而拉动新一轮技术创新，使得需求拉动成为企业技术创新得以循环往复向前发展的主要动力。实证研究表明，60%~80%的重要创新是需求拉动的，因而，需求相较于技术是一个更重要的动力因素。

3. 技术推动和需求拉动综合作用模式

在现实中，技术推动和需求拉动在产品生命周期以及企业技术创新过程的不同阶段发挥着不同的作用。技术创新是由技术和需求的配合与协调，通过两者的相互依赖和相互作用共同促进的。由此，莫里厄和罗森堡在《市场需求对创新的影响》一文中提出技术推动和需求拉动综合作用模式，强调在创新上技术和市场需求的共同作用，认为"科学技术作为根本的、发展着的知识基础，与市场需求结构相结合，二者在创新进行互动，并共同起着重要的作用"。

4. 竞争压力推动的低碳技术创新

竞争压力是从外部激励企业技术创新的重要原动力。在产业集群相对集中的地理范围内，通常聚集着生产同类或相似产品的大量企业，企业间在产品、成本等方面的差异很小，只有通过不断地技术创新来获取持续竞争优势。同时，产业集群内率先创新者的领先优势和示范效应越是突出，其他企业承受的竞争压力越大，从而推动其加快技术创新的步伐。尽管技术外溢会导致创新者的垄断收益逐渐减少，但其具有的先动优势依然使其获得比追随者更高的利润。

5. 政府政策激励的低碳技术创新

技术创新具有外部溢出效应和不确定性等特征，决定了政府必须采取积极的政策措施来推动企业的技术创新活动。政府通过制度创新的方式，比如制定一系列规章制度、支持基础性研究、实施政府采购等行为，使其成为技术创新过程的重要推动者。

6. "诱导"创新学说

这一模式认为，经济活动中存在的"瓶颈"状况诱导技术创新的产生，大体有三种观点：第一，希克斯认为，生产要素相对价格的变化，是对某种特定发明即创新的激励，这一发明能够更经济地利用相对稀缺的资源和要素。第二，罗森堡将"不平衡性"确定为诱导创新的主因，包括技术发展的不平衡性、生产环节的不确定性、资源供给的不确定性等都是生产发展的瓶颈或障碍，由此形成的压力诱导企业开展创新活动。创新又会造成新的瓶颈，从而诱导创新活动循环往复进行。第三，日本学者斋藤优提出 N-R 关系模式。这里 N 表示社会需要（Need），R 表示社会资源（Resources），当现有的社会资源不能完全满足社会提出的某种技术要求或产品需求时，就产生了需求与资源间不相适应的"瓶颈"现象，从而刺激技术创新。技术创新要想取得成功，需要消除资源之间的"瓶颈"。但是，当经济发展到更高阶段时，又会出现新的 N-R 关系"瓶颈"，从而促使技术创新持续开展。

7.E-E 模式

该模式将环境和企业家作为影响技术创新的关键因素，认为技术创新活动不仅受到创新的外界环境影响，还与企业家的作用息息相关。在该模式中，科技研究、试制生产、市场销售和满足市场需求等环节构成了完整的技术创新链条，而环境因素和企业家因素与创新环节相互作用，使得技术创新得以实现。

8.EPNR 模型

该模型认为企业、政策、需求和资源等是影响技术创新的重要因子，这是在吸收、综合和改进各种动力模式基础上形成的综合动力机制模型。在外部环境的压力下，企业受到追求最大化效益内在动力的驱使，经过对外部环境的辨识和评估，为了解决资源不足和需求之间的供求矛盾，必然产生技术创新需要。因此，该模式实际上包含了科技推进、市场拉动和行政推力这三种动力模式。

9. 期望理论模型

该模型借鉴了心理学家佛隆（Vroom. V. H.）的期望理论，该理论认为：技术创新具有高投入、高风险、高收益及收益滞后性等特征。企业在面对滞后且不确定的市场收益时，会理性地对与创新决策有关的经济、科技等变量的未来趋势进行分析预测并做出选择。只有在创新成功率和预期收益较高时，企业才会进行技术创新。

总之，在市场经济条件下，企业是一个对外开放且具有内在创新活力的有机系统。当企业受到外界环境刺激时，就会激发企业技术创新的动机，因此，企业创新的动力来源分为内部因素和外部因素。其中，内部因素包括企业规模和发展阶段、企业家创新偏好、企业激励创新的产权和组织管理制度等，外界因素则包括：科学技术进步、社会和市场需求、市场发育程度和市场竞争状况、创新收益的不确定性、技术成果的外溢性、政府政策、社会经济系统的自组织作用等。影响企业创新动力的因素包括：

一般而言，创新收益不确定性、技术成果外溢性越大，企业创新动力减弱，而市场规模越大、市场需求越强、竞争越激烈、企业家创新和风险偏好越强、政府创新激励强，则企业创新动力越强。

（二）建立企业的低碳技术创新机制

企业低碳技术创新机制，是企业作为技术创新系统，各项企业制度在运行过程中相互联系和作用的方式，以及企业与外部环境之间互动关系的总和，是企业技术创新的内生激励机制。产权制度、组织制度及管理制度激励共同构成企业技术创新机制。技术创新机制具有指挥推动、整合转化、消化吸收、自我调节、更新拓展等功能。合理的企业激励应该包括：第一，产权清晰。只有在企业本身产权清晰的前提下，才能给创新成果一个清晰的产权界定，产权激励的功能才能在企业制度的协同配合下发挥作用；第二，企业制度要能最大限度发掘企业资源，实现企业资源的优化配置，特别要调度员工积极性，因为员工潜力的发掘及其积极性的调动是技术创新得以实现的重要条件；第三，企业制度的安排，要能避免因创新风险而出现的创新投资不足，能大规模集聚创新所需的资本，并具有风险承担能力。

1. 产权制度激励

经济学意义上的产权是具有一定结构的一组权利，可以分解为所有权、使用权、收益权、转让权等。产权分为有形资产产权和无形资产产权两种形态。有形资产产权是指人们对实物产品的所有权，无形资产产权是指人们对非物质形态拥有权，如知识、信息等。产权制度是界定产权主体对产权客体的关系，以及产权主体间的关系的一系列制度，具有激励创造、资源配置、稳定预期和排除机会主义等功能。国家凭借其暴力潜能和权威能以较低成本实现所有权，降低产权界定和转让中的交易成本。因此，国家在产权的界定、保护和实施中发挥关键性作用。

产权通过赋予创新者对创新成果的所有权，对技术创新形成了激励作用。有形资产产权可以认为是对创新的间接激励手段，是创新行为赖以发生的前提，而知识产权则是一种直接的创新激励手段。因此，企业应根据技术创新过程的特征及人们对技术创新的贡献，按照市场经济规律要求，不断完善收入分配制度以及激励和约束机制，探索多种收入分配形式，如技术入股、股票期权、管理入股、创业股等多种收入分配方式，充分调动各类人才的技术创新积极性，建立适应于以智力资本为主的新型产权激励机制，确立能够吸引科技人员从事技术发展与成果转化的利益机制。

2. 技术创新的组织管理制度激励

不同形式的企业组织结构设计，决定了企业内部不同部门的联系方式，影响企业技术创新活动的绩效。因此，要通过企业组织制度和机构的完善，使企业内部组织的形式、规模和结构适应技术创新的需要，为技术创新要素的有机整合提供有利条件。

3. 以企业为主体的技术创新体系建设

企业低碳技术创新能力的建设和提升不能离开区域创新体系。建立以市场为导向、企业为主体、政产学研等各种创新主体密切配合、紧密协作的技术创新体系，是提高区域协同创新能力和区域经济竞争力的关键，是建设国家创新体系的突破口，也是增强企业技术创新能力的支撑。在市场经济条件下，尤其注重发挥企业在技术创新体系中的主体作用，吸纳企业参与国家科技项目的决策，一些重大的国家科技项目建立由具备条件、有实力的大型企业牵头组织完成。从创新链条角度，技术创新要和知识创新紧密结合，就是要以企业为核心，加强创新主体的协同。

企业主体在创新体系中处于核心地位。企业是重要的微观市场主体，直接面对市场需求，对市场信号反应灵敏；为参与市场竞争，追求创新的超额利润，企业会产生对科技创新成果的需求。因此，企业是知识创新成果的需求方，技术创新的供应方，在协同创新体系中处于核心地位。企业在产业集群发展中，同其他企业、高校院所以及中介服务价格和金融机构等建立广泛的合作关系，形成以企业为核心的产业集群网络。同时，基于共同的区域文化背景和地理上的接近性，企业与其他网络结点通过不断的接触与交流，实现了相互之间的协作与信任，逐渐形成一种紧密的关系链条，进而建立起非正式的社会网络关系。企业在集群网络中通过产业链和价值链同其他企业建立联系。企业间的网络联系主要是指同一产业链上下游间的分工协作关系，也包括同行业企业之间的竞争与合作关系。企业与大学、科研院所之间通过创新链建立产学研合作关系，形成创新知识和技术流动扩散的网络。其中，企业的技术创新来源于高校院所的知识创新，知识创新通过企业技术创新实现其市场价值。政府通过制度创新为知识创新和企业技术创新提供制度环境，激励、支持并引导企业技术创新。中介服务机构、金融机构以及一些其他的信息、法律咨询部门通过提供金融、信息等专业化服务，为有需要的企业提供政策、信息及法律法规咨询等相关服务，有利于协调企业与其他机构的关系，促进技术创新。

二、高校与科研院所：知识创新

高等院校和研究机构是知识创新的重要源头，是推动科技进步和创新的重要力量。纵观历史，在全世界的现代化发展进程中，很多重大的科学发现和技术突破往往来自高等院校和科研院所。1946年，美国宾夕法尼亚大学诞生了世界上第一台电子计算机；1969年，加州大学洛杉矶分校、斯坦福研究院、加州大学圣巴巴拉分校和犹他大学发明并最先使用互联网技术；英国剑桥大学提出的DNA双螺旋结构模型，将生物学推入崭新的分子生物学时代，催生出全新的基因工程产业，此类例子不胜枚举。总之，大学和科研院所具有强大的原始创新能力，能够在新科技革命中把握先机；具有强大的系统集成创新和引进消化吸收再创新能力，能够在开放的环境中有效集聚各类创新资源，不断提高自主创新能力。

（一）高校科研机构在低碳产业集群发展中的作用

大学和科研机构是区域低碳产业集群协同创新网络中重要的创新结点，是协同创新的主要行为主体。随着知识和技术在经济发展过程中的地位日益重要，区域内的大学和研究机构越来越重要，对于区域内创新网络的发育和区域竞争优势的提升必不可少。Nelson（1993）认为，大学和研究机构为区域的创新活动提供了两种最为重要的资源，即科学知识和有技能的劳动力。大学和研究机构对于根植于本区域产业集群创新发展的作用主要有以下几方面：

1. 知识创新功能

高校院所凭借人才和科研优势，不断地生产出新知识和新技术，包括基础知识、应用知识和新兴技术。基础知识有助于营造创新的文化氛围；应用知识和新兴技术则可以直接转化为生产力。另外，由大学和研究机构教育和培训出来的毕业生、工程师和科学家等都是企业及所在产业集群所需要人才。

2. 衍生企业职能

通过科技成果的转化不断衍生出高新技术企业，从而优化企业群体的结构、竞争和企业战略，提升产业集群的技术创新能力和竞争优势，实现产业转型升级。例如，在美国硅谷，一半收入是由斯坦福大学衍生的公司所提供的。

3. 建立大学科技园，承担起企业"孵化器"的功能

从区域和产业发展的现实可以看到，大学和研究机构密集的地方，迅速兴起了许多高技术园区。大学科技园是把大学的教学科研以及人才智力优势与经济发展紧密结合的区域化创新模式，对于培养创新和创业人才、转化高校科技成果、孵化高新技术企业、推动高新技术产业发展、实现协同创新等方面发挥了重要作用。如美国的硅谷地区、英国的剑桥高技术区和我国的中关村自主创新示范区等的成功均起源于大学科技园的建立。

4. 产学研之间围绕创新形成密切合作网络

产学研合作实现企业、高校和科研院所之间的协作，有助于迅速地将创新知识转化成现实生产力，为区域经济发展带来创新活力。Malecki

（1997）认为，高级管理人员和技术研发人才的易获得性，特别是创新技术汇聚的氛围，是研发集聚和企业进行区位选择的最重要因素。来自高校和研究机构的教师、学生、科研人员等各类人才在区域内的高速流动，促进了大学和研究机构和周围区域之间的交流与合作，增加了区域创新要素的存量，也培育了有利于创新的文化氛围，形成创新的活力。

（二）高校院所发挥协同创新作用的方式

1. 跨区域产学研结合

高校院所作为稀缺资源，其不同区域的分布，由于地理、历史方面原因，不可能完全均衡，因而打破均衡要依靠跨区域的产学研结合。在我国，越来越多的区域开始重视大学和研究机构为区域经济带来的创新活力，并不断地扩展区域创新网络的范围，从而建立起跨区域的产学研合作。例如，我国江浙一带的乡镇企业集聚区，正在积极探索跨区域的网络联接和创新。据统计，江苏省与大学和研究机构有合作关系的企业占80%~90%。

2. 产学研结合的合作创新

科学家追求的是学术价值，企业家追求的是市场价值或商业价值。若两者能够有机地结合在一起，同时实现了商业价值和学术价值后，自然就会使得创新成果既有高的科技含量，又有好的市场前景。当然，在市场经济条件下，产学研协作得以成功的关键是建立有效而共赢的创新利益分配体制，彼此间形成创新的利益共同体。

3. 大学为主体的科学研究的转型

大学的创新不能局限于创造知识，更要将科学研究成果推向应用，将大学的知识创新延伸到技术孵化阶段，这就要求大学院所的转型，提高它们服务经济社会发展的能力。对于从事基础研究的高校和科研机构，要瞄准科学前沿问题和国家长远战略需求，完善有利于集聚创新人才、激发创新活力、提升原始创新能力的体制机制；对于专门进行技术开发的科研机构来说，要坚持企业化的改革方向，完善现代企业制度，建立市场导向的技术创新机制。

三、政府：制度创新

（一）政府参与协同创新的理论依据

综合傅家骥（1998）、柳御林（1993）、翁君奕和林迎星（2003）、卢现祥（2003）等的研究成果，政府参与创新主要是基于创新的特性和市场在创新方面的失灵：从创新产出来看，创新产品或成果具有准公共产品的特性；从创新的过程来看，创新过程本身的复杂性和结果的不确定性会降低对企业创新的激励；从创新机制来看，单纯依靠市场机制激励创新存在着缺陷和不足。因此，创新过程和创新成果的特点以及市场机制在创新资源配置中的失灵，为政府介入协同创新过程提供了必要性，而政府的职能定位则为弥补市场失灵提供了可能性。

1. 技术研发或创新具有不确定性

人类科技进步的历史表明，企业的技术研发和技术创新活动是一种非线性经济活动，投入产出之间并非确定性的关联关系。企业需要投入人力、物力和财力等进行技术创新，但是技术创新会面临各种风险，包括技术、财务、政策、法律以及市场风险等，企业的技术创新不一定能够获得预期的收益。

2. 创新成果具有外溢性或外部性

知识、技术、信息、发明等科技创新成果具有公共物品（public good）的某些特性，如果缺乏严格的制度保护，企业的技术创新成果很难被创新企业单独占有，很容易被竞争对手所模仿，此即溢出效应；当一项技术或与此相关的创新思想在市场上广泛传播，从而得以推广和应用时，即产生扩散效应。这导致其他企业不用通过付费的市场交易，就能免费获得创新知识和技术，使得企业创新收益低于预期水平。因此，许多中小企业在技术创新中采取模仿战略而不愿主动进行技术研发。

3. 创新环境的不确定性

从制度经济学角度看，技术创新的主体是企业，而企业是在一定的制度框架和社会环境中进行技术创新活动的。制度环境和社会环境主要由政府行为和公众偏好组成，而这些因素具有的不确定性使得创新的方向、速度、效率等受到很大影响，造成创新的不确定性。

总之，在创新资源的配置上，同样也存在着市场"失灵"的现象，需要政府进行协调。由于创新成果公共物品特性、创新过程和创新环境的不确定性等，更加需要政府介入创新过程。创新成果具有公共物品的某些特性，政府就有通过直接财政投入、财税支持基础研发、科技创新的义务和责任；创新成果具有外溢性或外部性，政府就应通过制定知识产权保护的法律法规，保护创新成果的产权；创新过程具有不确定性，政府就应通过制度创新，鼓励企业、高校院所的产学研合作，实现创新主体协同，促进知识创新、技术创新和市场创新等创新环节连接成完整的创新链条。因而，政府应该通过提供公共产品、制定扶持政策、完善法律法规、营造创新环境、规范市场秩序等方式，矫正市场在创新过程中的缺陷，促进创新主体的合作，激励创新主体的创新动力，保护创新成果，使创新的外部性内部化和创新者更好地享有创新收益，营造适宜创新的社会文化环境、市场竞争环境、政务服务环境，保障创新活动的顺利进行。

（二）制度和制度创新的一般功能

科斯认为制度的形成与降低交易费用有内在联系。还有的学者从囚徒两难模型得出结论，认为个体的自私不一定就能自利，"经济人"遵守某种合作规则比自私更有利。为了降低交易成本和利益最大化进行合作引致制度的出现。对于制度的内涵，学者们给出了纷繁复杂的解释，将制度看作规则、习惯、组织、模式或系统等。T. W. 舒尔茨（1990）将制度定义为管束人们行为的一系列规则。

道格拉斯·诺斯（D. North）认为经济学意义上的制度"是一系列被

制定出来的规则、守法程序和行为的道德伦理规范，旨在约束追求主体福利或效用最大化利益的个体行为。"制度创新是从动态角度对制度的分析和运用，是制度主体以新的观念为指导，制定出新的经济行为规则，调整主体间的权利关系，减少交易成本，以实现新的价值目标而自主进行的创造性活动。

制度功能的理论论述有很多。较为直观形象的有整合功能、维持秩序功能、激励约束功能、塑造功能等；具有哲学抽象意味的有辛鸣（2011）的确定界限、形成秩序、提供预期、营造环境四方面功能。制度和制度创新在经济发展中的作用，可以从经济发展的现实和实践中直观地反映出来。人们发现自然资源、人力资源、技术、资本等产业要素并不是决定产业发展绩效的全部，这些产业要素必须基于优化的制度安排才能发挥作用。诺斯研究了1600-1850年海洋运输业生产率的变化，认为制度变革是比技术变革更为重要的因素。他还认为，有效的制度就是使个人收益率不断接近社会收益率，其实质是使经济主体所付出的成本与所得收益挂钩，防止他人搭便车。吴敬琏（2002）在论述我国高新技术产业发展时也强调"制度重于技术。"总体来看，制度是一个行为规则体系，它规范并约束着经济主体的经济行为，为经济主体的行为提供激励机制；它还负责协调经济主体之间的利益关系，减少专业化分工带来的交易成本，促进经济主体之间的合作；制度还可以形成稳定预期，维持良性秩序，从而促进经济发展。

（三）制度创新在创新系统中的作用

从创新活动的整个过程来看，创新活动从知识创新到技术创新，从高校院所到企业再到市场，由一系列环节和阶段组成，由多个主体协同才能完成。而创新活动每一个环节都受到周围环境的影响而充满变数，同时，各个主体协同配合也受到多种因素影响。因此，创新过程是一个充满风险、挑战和不确定性的复杂的商业过程。制度创新通过制定新的经济行为规则，激励创新主体开展创新活动，规范各个创新主体的行为，协调各创新主体在创新中的权利义务关系，促进合作形成协同式创新，实现创新价值目标。同时，创新的制度安排以制度框架的形式提供信息沟通和创新个体的博弈规制，减少环境状态的不确定性，降低了创新风险，为创新提供了稳定的环境。

从交易成本理论来看，创新的过程也是知识技术流动和交易的过程。知识技术的流动和交易需要成本，交易成本直接影响创新的效率。制度创新是制定比原有制度更富有效率和激励的制度安排，通过提供降低交易成本法律、规制、规范，使与先进技术相联系的生产得以运行。比如行之有效的科研成果奖励制度可以促进科研成果的生产，健全的技术创新服务体系和知识产权法律法规可以为创新系统内技术的流动、扩散提供便利，官产学研的技术创新协作体系能够把高校科研机构、企业、客户和政府等紧密连接起来，形成具有创新能力的系统等。

制度提供的行为规范分为正式制度和非正式制度。前者是人们有意识创造的一系列法律法规等制度形态，是有形的、成文的，在国家或组织强制力作用下实施的。而后者是人们在长期交往中产生的，以文化形态存在的规矩和制约，主要包括价值观念、意识形态、行为方式、伦理道德、风俗习惯等内容，一般是无形的或不成文的，主要由社会成员自律和社会舆论等非强制力或"软约束"作用下实施的。制度变迁或制度创新分为诱致性制度变迁和强制性制度变迁，前者是由于制度的不均衡性引致获利机会而进行的自发性变迁，具有营利性、自发性和渐进性等特点；后者是由于政府行政命令或法律引入而导致的制度变迁，能够实现规模经济和降低组织成本及实施成本。两种制度变迁方式相互影响、相互制约，共同作用，推动制度创新。由于搭便车问题而引起私人和社会收益和成本之间的差异，使得诱致性制度变迁难以实现。政府具有其他组织不具备的权威，可以低于私人组织的成本完成从产权界定、保护、仲裁到各种活动组织等工作，因此，政府在强制性制度变迁中具有很大优势。政府还通过提供立法和法律体系为社会提供可预见的制度环境和解决争端的程序，通过大量投资于意识形态来解决搭便车问题，从而推动制度变迁。

四、中介服务机构：服务创新

（一）中介服务机构定义和组成

中介服务机构是产业集群创新网络重要节点和组成部分。所谓中介服务机构，是指在市场经济条件下，为市场主体提供专业化服务，或者在市场主体之间、市场主体和市场之间发挥沟通协调功能，从而调整经济关系，维护市场秩序，整合市场体系功能，提高市场效率，使得市场体系运转顺畅的社会性经济组织。中介服务机构是随着市场经济发展从众多市场主体中分离出来的，是市场经济发展和社会分工深化的结果。中介服务机构主要包括行业协会、商会、企业联盟组织、产业技术创新联盟组织、创业中心（孵化器）、各类社会化服务中心以及法律、培训、信息、物流、人力资源等服务类企业，具有专业化程度高、活动能量大、组织形式先进等特点。

（二）中介服务机构在驱动集群升级中的作用

产业集群低碳升级是各种行为主体围绕创新和升级目标互动协同、集体创新的过程，各创新主体之间的协作需要相关机构和机制的沟通和协调。中介服务机构是介于企业、高校院所、金融机构以及政府等创新主体之间，进行沟通联系的桥梁和纽带。在协同创新体系中，中介服务机构通过服务创新，在集群创新网络中发挥着专业服务、制度规范和创新扩散等职能，对于促进区域创新网络形成，增进网络主体互动，推动科技创新成果的扩散等方面发挥着重要作用，是创新活动的主要辅助者：

1.促进分工协作关系的建立

集群企业围绕产业链进行分工协作，是集群网络形成竞争优势的基础。各种中介服务机构在促进企业分工和协作中发挥重要作用。在意大利的新产业区内，各种形式的中介机构非常齐全。从中小企业雇主协会、各种促进中小企业发育成长的服务机构以及促进中小企业革新的服务中心等，形成各个产业内的分工协作。在 Emillia-Romergna 地区，共有6个行业服务中心，如制鞋服务中心、农业服务中心和纺织服装服务中心等，这些中心为区域内中小企业的技术创新提供服务，包括改进产品质量、提供产业信息、革新生产流程以及更新生产技术等。

2. 促进区域创新网络体系的完善

中介服务机构是产业集群的重要组成部分，在集群创新中发挥着巨大的作用，对各创新主体来说，发挥着纽带和桥梁作用，促进网络联系和系统优化，形成集体创新的文化氛围，提升区域网络的运行效率，增强整个区域的竞争力。在硅谷，正是高端科技服务体系不断吸引资金、高技术产业、高端科技人才向硅谷聚集，才使得硅谷成为世界高科技产业的引领者。可以看出，市场和高端的科技服务业是联系产业集群不同生产门类和企业的纽带，是推动产业集群创新发展的动力源泉。

3. 促进官产学研结合的纽带

企业、高校、院所之间的产学研合作是集群创新的主要形式和途径。进行产学研合作需要中介服务机构搭建合作平台和载体，提供专业化服务，协调创新主体利益关系。因而需要建立产学研合作服务中心、创业服务中心、技术产权交易服务中心等公共服务机构。

4. 为企业提供专业化服务

与知识的生产、传播、转化及应用等环节密切相关的创意咨询、研究开发、工程设计、信息通讯、金融保险、知识产权等中介服务，包含着产业关键环节和产业升级所需要的知识和技能。同时，中介机构集聚信息、技术、投资、管理等方面的专家，专业化程度高，组织形式先进，可以为企业提供各种咨询服务，帮助企业获得市场机会和投资，使科技发明尽快进入到相关经济领域。

5. 协调政府与企业之间的关系

中介机构可以通过行业协会协调企业的集体行动，加强行业自律，维护行业秩序。还可以帮助会员企业及时了解政府政策、新法律、新法令出台的背景和内容，也可以向政府及时反映企业的意见、建议和要求。

五、金融机构：金融创新

金融是现代经济的核心。大多经济学家认为，仅靠物质资本的积累不能带来经济的长期增长，金融发展和技术创新是经济增长持续发展的两大决定因素，充分肯定了金融发展对经济发展的促进作用。金融体系包括金融市场、金融机构、金融制度等，可以为经济运行提供金融工具、金融产品和金融服务，健全的金融体系能够保证协同创新及产业转型升级的顺利实施，可以分散创新风险，优化资源配置，推动创新型经济的发展。高新技术企业与传统企业相比具有无形资产或轻资产比重高、创新能力强、投资风险大、获利能力高、发展潜力足和成长迅速等特点，在不同发展阶段的投融资需求也有诸多不同，需要科技与金融的有效融化，实现金融创新。

（一）金融机构在创新系统中发挥的功能

产业集群中金融机构的数量和质量，是产业集群创新网络发育完善与否的重要标志，也是创新网络发挥功能的重要条件。集群内的金融机构，分为银行类金融机构和非银行金融机构，一般包括区域内国有银行、地方商业银行、各种形式的基金组织以及借贷资本的机构、股权投资和风险投资机构等。金融机构对产业集群创新发展和升级的支持主要表现在：筹集资金、分散风险、资源优化和信用约束功能等。对区域创新活动促进作用，主要体现在以下方面：

1. 筹集资金功能

高新技术企业的创新和发展，企业科技创新活动的开展，必须以投入一定的资金为前提。因此，资金是科技创新活动的主要投入要素，是实现协同创新的重要支撑。现代金融通过开发设计一系列金融产品、金融工具，为企业提供投融资服务，为科技创新、高新技术产业发展提供充足的资金保障。

2. 分散风险功能

科技创新具有开发周期长、收益高、风险高、和投入大等特点，是一个充满各种风险的"惊险跳跃"过程。金融活动的实质就是在不确定的环境中进行资金的时间配置，在风险偏好不同的市场主体之间进行资产、风险、收益的配置。针对科技创新不确定性的特点和创新企业的不同需求，金融服务机构可以提供风险投资、私募基金、信贷融资、股权融资等不同的金融工具和金融产品，以分散风险，满足高技术产业发展的需要。

3. 优化资源配置功能

产业集群中的各种创新资源和要素通过金融机制结合在一起，金融在各种资源要素配置中，处于基础和核心地位。资金供给方进行风险、收益的权衡和比较，将资金投向那些成长性好、盈利潜力大且风险可控的创新性项目和企业。资金需求方通过融通资金加大科技投入，组织创新资源要素进行科技创新，实现社会资源的优化配置并促进经济发展。

4. 信用约束功能

科技创新主体在利用资金组织科技创新的同时，还要接受来自金融机构和金融市场的监督和约束，包括股东、债权人、社会机构等的监督，从而加强对企业生产经营和创新活动的有效管理。

5. 促进创新主体的衍生发展

区域金融机构能够促进新企业的诞生，而金融机构提供的金融服务可以促进企业的健康发育与成长。而不断产生的新企业，将拓展区域协同创新网络规模，提高网络连接的密度，促使新知识或技术不断产生，增加集群的知识存量。

（二）金融创新促进技术创新并推动集群低碳升级

科技创新是协同创新的核心。科技创新需要资金投入和金融支持。金融机构在协同创新体系中，推动着科技创新资源和金融资源的结合，促进科技创新和金融创新的深度融合。

（1）对创新过程而言，具有不确定、高风险的特点。创新过程的风险贯穿创新过程的各个环节，包括技术风险、市场风险、组织风险、管理风险、财务风险及环境风险等。

（2）对创新型企业来说，知识、技术、发明专利、知识产权等无形资产在企业总资产中占有很大的比重，缺少厂房、设备等固定资产做抵押，很难通过传统融资渠道获得资金支持。特别是初创期的科技型中小企业，存在风险大、效益低、市场信誉尚未建立等不利因素。

（3）从创新型企业成长发展的全生命周期来看，创新型企业在创业、孵化、成长、加速、壮大等发展成长阶段，具有不同的特点和金融需求，需要多种金融工具、金融手段的支持。

第二节　低碳产业集群协同创新主体关系的博弈分析

一、协同创新主体的关系

集群创新网络中各创新主体的关系错综复杂。集群创新网络中各创新主体联系的纽带，既有通过产业链、价值链、创新链等建立的契约性连接和正式合作关系，也有基于社会网络而建立在信任基础上的非正式连接。由于中介服务机构的服务创新功能和金融机构的金融创新功能已经做了详细阐述，与其他主体关系相对清晰，不作为分析重点。本节的研究应该抓住主要矛盾，以企业为中心，以政府、企业、高校院所之间的关系作为重点，研究政产学研合作的机理。

集群创新网络中各创新主体的关系，可以从不同理论视角，运用不同的理论工具进行分析。这些理论工具一般包括创新经济学、创新系统理论、区域治理理论、新制度经济学理论、交易成本理论乃至社会学等。各种理论角度和理论工具的结合，形成创新主体关系全面系统的阐释。

（一）协同视角中的创新主体关系

1971年，德国学者 Haken 在系统论中提出了协同效应的概念。协同效应指通过系统内各要素和各子系统之间的相互协调、合作或相互影响，通过联合的集体行动，产生1+1>2的结果。产业集群创新系统由企业、高校科研机构、政府、中介服务组织等主体组成，通过产业链、价值链、创新链（知识链）形成长期稳定的创新协作关系，围绕创新目标开展相互协作的创新性科研活动，其中，产业链、价值链和知识链是集群主体协同合作关系三大纽带。

协同创新不仅仅实现了产学研用各主体之间的协同，还带来相应各种创新内容和创新方式之间的协同，实现了知识创新、制度创新、技术创新、市场创新等创新功能之间的协同，形成协同创新的系统合力。成功的创新不仅需要领先的技术，还需要用相应的商业模式去推向市场，实现创新成果的市场价值。

创新主体之间的协同创新还使得产业链、创新链、资金链等结合起来。比如，相关企业围绕产业链建立合作关系的同时，也提出了创新课题、传播创新知识、提供创新支持，形成创新链条。

（二）"三线螺旋体"理论中创新主体关系

在研究美国创新经验的基础上，对于企业、高校院所、政府等公共服务机构在协同创新系统中的分工和协作关系，亨利·埃茨科维兹和雷德斯多夫（Henry Etzkowitz, Loet Leydesdorff, 1995）首先提出了创新主体的"三线螺旋体"理论。1996年在荷兰阿姆斯特丹召开的"大学与全球知识经济"国际研讨会上，专家们进一步提出了创新主体关系的"三线螺旋体"理论，强调在信息社会以及知识经济时代创新对区域经济发展的重要意义，企业、政府、大学和科研机构等各创新主体，通过市场这一纽带联结起来，形成三种力量交叉影响的三螺旋关系。

"三螺旋理论"是研究创新过程中创新主体之间关系的理论，突出强调了官产学三者紧密结合的协同创新。其核心是以特定的产业发展为目标，以市场需求为纽带，企业、大学（科研机构）、政府三者之间相互联系、相互促进，在提高其自身水平的过程中促进区域经济快速发展。其中，企业的性质决定了其技术创新的主体地位；高校科研机构不仅为企业和社会提供人力资源，而且通过基础研究和应用研究，为技术创新提供知识储备，是知识创新的主体；政府和公共服务部门则负责规划计划、法律法规和政策制定、公共产品的提供以及环境的营造等，通过国家宏观层面的干预为知识创新和技术创新提供有利的外部环境，是制度创新的主体。在驱动经济体创新发展过程中，三者之间围绕着知识创新、技术创新、制度创新的创新链条，形成科技创新、市场应用完整创新链条。

（三）创新链中各主体关系

以科学发现为源头的科技创新包括三个环节：上游的科学发现和知识创新环节、中游的科学发现和知识创新孵化为新技术的环节、下游的采用新技术的环节。这三个环节形成了知识创新－高技术孵化－技术创新的创新链条。各个创新环节由多个创新主体分别参与并紧密联系，涉及产学研用各个环节中相应主体的合作与互动。其中，大学科研院所是知识创新主体，它们提供原始创新的成果；成果转化基地、科技园是创新成果的孵化器，企业则将知识创新成果转化为现实生产力。这样，知识创新成为技术创新的基础和源泉，技术创新是经济得以增长和发展的动力，制度创新为各类创新活动主体顺利开展创新活动提供必要的制度保障。总之，实现创新系统的健康运行，一方面需要知识创新和技术创新的紧密衔接，另一方面有赖于技术创新与制度创新有机结合。

创新链各主体的关系要求高校院所和企业的转型。首先，以大学和科研机构为主体的科学研究的转型，意味着大学科研机构的知识创新不单单局限于知识创造领域（包括基础研究项目结项、发表学术论文、申请国家专利等），还要向前延伸到技术创新环节，将科学研究成果推向应用和转化，参与新技术的孵化应用。其次，是以企业为主体的技术创新的转型。由于现代创新的复杂性、风险性、集成性以及网络范式的兴起，使得企业的技术创新不可能局限于自身的研发力量，还需要高校院所创新成果的支持。同时，在科技成果转化和孵化阶段，也需要政府进行制度创新，提供政策扶持。这样，孵化阶段称为个创新主体的结合点，知识创新主体和技术创新主体交汇，形成企业家和科学家的互动合作。

（四）产学研合作关系

在产业集群发展中，企业、高校院所和政府都面临着许多仅靠自身力量难以解决的问题：大学或科研机构的作用主要体现在两个方面：即人才培养和知识创造，但往往面临两个难题：一是经费短缺；二是所培养的学生能不能适应经济社会发展的要求。企业由于市场竞争及技术创新的需要，必然要寻求同高新技术之源——大学或科研机构的合作。政府则面临着区域国家经济发展和公共服务等问题，希望能出现大批的新产业和新企业，通过持续的技术创新来解决这些问题。因此，企业、大学和科研机构、政府都存在合作的愿望和基础，正是基于此形成了政府参与的产学研合作。

在产业集群区域创新网络中，高校院所是创新知识与技术的源头，通过教育培训、人才交流以及成果转化等，促进集群中知识、技术、信息等的扩散；企业之间以产业链、资本链的方式进行分工协作、竞争合作，使一些渐进性的技术创新较容易发生。高校科研机构与企业的结合，有助于将其科研成果转化为现实的生产力。这样，高校院所获得收益投入办学和科研，可以提高教学和科研水平，培养适于市场竞争和社会发展的创新型人才；企业从高校和科研机构获得了技术创新所需要的技术和人力资源，提高企业本身的竞争能力，增加了就业机会；政府则通过制度创新和变革，提供鼓励和适应大学和企业发展的制度环境和政策激励，促进创新要素的有效配置，使产业集群获得健康良好的发展。这样，企业、大学和科研机构、政府在这个过程中各自的优势得到了充分的发挥，同时也获得了有益的补充。正是通过这些行为主体的共同作用，产业集群成为创新资源密集、创新行为活跃的区域创新网络。

　　产学研的协同是产业发展、人才培养和科学研究三方功能的协同，是知识创新、技术创新的协同，是科学家、教育家和企业家的协同。其中，企业直接面对市场，是科技成果的需求方和转化方，成为技术创新的主体；高校着眼于知识创新和人才培养，是创新知识的源头；科研院所以应用研究和试验发展为主，在科技成果转化过程中具有承上启下的作用。在产学研融合过程中，政府和中介服务机构发挥了重要作用。其中，中介服务机构是创新成果转化的重要纽带；政府部门通过财政投入、制定有关法律法规，对产学研活动进行引导、激励和推动。

　　产学研合作体现了各创新主体协同创新的要求，本质上是创新要素资源的优化配置和重新整合的经济过程，因而必须遵循市场经济规律。产学研合作要围绕市场需求和社会需求，以企业产业创新目标为导向，发挥创新主体各自优势，以人才、项目、平台、资金为纽带，按照互利共赢、市场取向的原则，开展多种形式的产学研合作：

　　（1）企业与高校院所联合进行科技攻关。这是一种以项目为纽带的产学研合作方式。

　　（2）合作创办高新技术企业或科技园区。这是一种以资本为纽带的产学研合作模式，主要形式是企业出资金，高校研院所出技术和人才并作价出资，合作创办高新技术企业，共同推动科技成果的产业化。科技企业的集聚则形成科技园区。

　　（3）共同建立研发平台。主要形式是由企业与高校研院所根据企业技术创新的需要，共同建立实验室、工程研究中心或研究院等科技创新平台。这些研发平台的服务重点不同，有的侧重于应用基础研究的研发平台，主要建在高等院校；侧重产品技术开发的研发平台，主要建在企业。这种产学研合作模式通过科技创新资源特别是大型仪器试验装备和科技创新人才的共享，降低技术创新的成本。

　　（4）联合培养创新型人才。通过产学研合作方式培养高层次创新人才，体现了创新人才的市场导向，主要有高校为企业定向培养专业技术人才或管理人才、在企业设立博士后科研工作站等形式。

（5）构建产业技术创新战略联盟。产业技术创新战略联盟的目标是满足市场需求和提升技术创新能力，以具有法律约束力的契约为保障，由企业、高等院校、科研机构、用户等按照市场经济法则组建的产学研用战略利益共同体。

总之，构建创新系统需要从知识创新、技术创新和制度创新的集成入手，围绕创新主体的协同进行，目的在于形成环环相扣的创新链条，关键是要把握以下几点：其一，知识创新基础上的技术创新是创新系统的核心；其二，制度创新是创新系统的基础；其三，知识创新、技术创新、制度创新三者既有区别，又有联系，三者需统筹兼顾，紧密结合，不可偏废。如若忽视了其中任何一点，或以偏概全，或用其他内容取而代之，则建设创新系统就会成为一句空话。

二、低碳产业集群协同创新主体的博弈分析

集群中协同创新关系可以发生在两个企业之间，也可以发生在多个企业之间，还可能是企业与大学或科研机构之间，为了研究的方便，我们简化为两个企业间的关系。企业协同竞争是一种动态过程，也是一种不断的选择过程，而这些过程存在两种基本的状态——合作与不合作。

借鉴沈佩原等人的相关研究成果分析集群内企业协同创新的博弈行为，假设：

（1）A、B两个企业合作进行技术创新，每一次合作的总投入为 I，（包括人力、物力、财力及技术资源等要素的投入，用货币进行折算）其中，A公司投入所占的份额为 a，B公司投入所占的份额为 b，a+b=1。

（2）如果企业互相信任，则企业采取合作行为，企业合作创新的收益 c 按投入比例分配，其合作收益 c 的大小与创新合作效应系数 k（k>0）正相关，如果 A，B 企业互不相信，双方都采取不合作行为，则没有合作，双方的支付都为 0。如果 A 企业合作，B 企业自私，可以认为 A 企业的投入完

全被自私方 B 企业获得，并导致今后的不再合作。

（3）设 A 企业采取合作行为的概率为 p，则相应地采取自私行为的概率为 1-p，B 企业采取合作行为的概率为 q，相应地采取自私行为的概率为 1-q。

（4）设 A、B 企业之间的合作受一种正反馈激励（或称贴现因子）的影响，用 δ 表示（$\delta > 0$），合作的次数越多，合作越默契，或者说理性递增。合作所受到的激励具有累积性，即存在一种正向共同运动，经过时间传导后，每一次合作的成功都会在原来的基础上受到一次正的激励 δ。δ 越大，合作创新效果则越好，收益越大。

根据以上假设，可以构造出 A、B 企业在第 n 次合作创新时的支付矩阵如下图 4-2 所示。

企业 A	状态	企业 B	
		合作（q）	不合作（1-q）
	合作（P）	G_{1A}，G_{1B}	G_{2A}，G_{2B}
	不合作（1-P）	G_{3A}，G_{3B}	G_{4A}，G_{4B}

图 4-2 企业 A、B 支付矩阵

根据假设，来分析企业 A 的行为与收益：

第一种情况，当 A 企业与 B 企业均合作时，A 企业的收益为按投入比例所得到的收入份额。有

$$G_{1A}=pqak(1+\delta)^{n+1}I-pqaI$$

即 $G_{1A}=pqak[1+\delta)^{n+1}-1]$ （1）

第二种情况，当 A 企业合作、B 企业自私时，则 A 企业的收益为零。有

$$G_{2A}=0 \qquad\qquad （2）$$

第三种情况，当 A 企业自私、B 企业合作时，A 企业的收益为 B 企业投入的损失。有

$$G_{3A}=q（1-p）bI \qquad\qquad （3）$$

第四种情况，当 A、B 企业均自私时，A 企业的收益为零。有

$$G_{4A}=0 \qquad\qquad （4）$$

据此支付矩阵可以简化为下图4-3所示。

		企业 B	
	状态	合作（q）	不合作（1-q）
企业 A	合作（P）	G_{1A}, G_{1B}	0, G_{2B}
	不合作（1-P）	G_{3A}, 0	0, 0

图 4-3　企业 A、B 支付矩阵

从企业 A 的角度考察收益函数，此时企业 A 对自己的行为具有完全信息，而对企业 B 有不完全信息。企业是选择合作还是选择不合作，关键就在于它对选择合作时（p=1）的期望支付与选择不合作时（p=0）的期望支付之差△G_A的大小。显然，

$$\triangle G_A = \sum G_{iA}（P=1） - \sum G_{iA}（P=0）$$

代入式（1）、（2）、（3）、（4）得：

$$\triangle G_A=qI[ak（1+\delta）^{n-1}-1] \qquad\qquad （5）$$

A 企业选择合作的条件是△GA≥0，根据式（5），必须有

$$ak(1+\delta)^{n-1}-1 \geqslant 0$$

即

$$a \geqslant 1/[k(1+\delta)^{n-1}] \qquad\qquad (6)$$

式（6）表明：

第一，当 n, δ 一定时，如果 k 较大，a 可以相对较小；如果 k 较小，则要求 a 相对较大。

当创新的合作收益较大，即预期的协同创新收益较大时，企业 A 即使在创新过程中支配性较小，也愿意采取合作行为；当创新的合作收益较小，即预期的协同创新收益较小时，企业 A 只有在创新过程中支配性较大时，才愿意采取合作行为。

第二，当 k 一定时，如果 n, δ 较大，a 可以相对较小；如果 n, δ 较小，则要求 a 相对较大。

当企业合作次数较多，建立了信任关系以后，企业即使在创新过程中支配性较小，也愿意采取协同创新行为；当合作次数较少，信任关系没有建立以前，企业 A 只有在创新过程中支配性较大时，才愿意采取合作行为。同理，可以得出 B 企业选择合作的条件是：

$$b \geqslant 1/[k(1+\delta)^{n-1}] \qquad\qquad (7)$$

所以，两对局企业 A 与 B 同时愿意合作的条件应该是

$$a \geqslant 1/[k(1+\delta)^{n-1}]；b \geqslant 1/[k(1+\delta)^{n-1}]；a+b=1 \quad (8)$$

根据前面的合作关系博弈分析，应从以下几个方面促进低碳产业集群中企业的协同创新：

（1）提高 k 值。预期的合作效应系数越大，企业越有合作的愿望。提

高 k 值可以通过改进合作的方式、改善合作的结构、重视合作过程中的沟通及加强合作过程管理等手段实现。

（2）提高 n 值。信任是一种新的创造财富的"社会资本"。合作创新的次数越多，企业之间就越能够互相了解、互相信任，形成一种默契，减少合作中的不确定性，进而逐步建立稳定、长期的合作伙伴关系。

（3）提高 δ 值。激励因子 δ 越大，企业越有合作的愿望。因此，应该加强合作双方的信息交流，建立合作成果合理分配机制，培育良好的合作制度环境、法律环境和文化环境等，从而提高 值。

（4）改善 a、b 比率。乔尔·布利克和戴维·厄恩斯特研究认为，"合作关系愈平等，前景就愈光明"。

（5）提高 q 值。q 的大小与企业间潜在合作利益大小、产业关联程度、企业家个人之间的关系、企业间的资产互补性、群内合作文化、社会声誉传递机制、企业社会诚信等因素有关。

第五章

低碳产业集群协同创新网络运行机制

创新是一个经济技术过程，实现协同创新必须有相关机制的推动。机制一词的英文是 mechanism，原意指"机器构造及其工作原理"，后被引申使用并泛指某一复杂系统的内部结构、工作原理及内部规律性。机制也可以看作不同主体在相互联系和相互作用的过程中所形成的一种制度性安排，具有稳定性和规律性的特点，并由此产生相应的功能作用。机制是系统发挥功能的关键，是系统要素间发生关联的制度性安排。

经济机制是经济系统内部协调各种利益关系和优化资源配置的社会方式和机理，是经济规律发挥作用的实现形式。创新机制把创新主体和创新资源联系起来，是经济系统实现协同创新的关键。在协同创新的经济系统中，创新机制的目标是：政府围绕企业的技术创新和高校研究机构的知识创新开展制度创新，营造适宜科技创新的制度性环境，形成经济系统的集成创新和协同创新，提高系统整体的资源配置能力和创新能力。

低碳产业集群的发展离不开自然资源、劳动力、资本等传统要素资源，更要依靠创新资源，比如知识、技术、信息、数据、人力资本、社会资本、制度安排等。因为创新资源具有边际收益递增的特点，可以解决传统要素边际收益递减所带来的资源稀缺性约束和发展衰退。低碳产业集群创新机制是经济增长的要素资源在不同创新主体之间、集群价值链不同环节之间的配置和流动，协调集群创新网络中各创新主体的关系，提高集群的创新能力和竞争能力。

　　关于区域创新系统的资源配置机制，翁君奕、林迎星（2003）认为创新资源配置机制主要包括市场机制、宏观调控机制和信任机制。显然，在区域创新系统的运行中，市场机制、宏观调控机制和信任机制是相互补充的。在完善的市场条件下，市场机制会比政府更好地组织生产和配置资源，从而促进科技创新。在市场和政府都难以发挥作用的领域，则应通过集体自主治理方式来协调关系和配置资源，推进科技创新。

　　作为区域创新系统，低碳产业集群资源配置机制主要由市场机制、政府调控机制和集群治理机制组成。在资源配置机制综合作用下，低碳产业集群实现主体利益关系协调和资源优化配置，提高创新效能并实现升级。首先，在市场经济条件下，市场机制对低碳产业集群的资源配置发挥着重要的基础性作用。在价格机制、供求机制、竞争机制、风险机制的共同作用下，微观经济主体受到利益最大化的驱使，推动资源的优化合理配置，实现经济系统的良性运行，促进低碳产业集群的转型升级和经济创新发展。市场机制在低碳产业集群发展中也表现出特殊性，比如竞争的加剧与合作并存，分工协作的加强等。其次，由于市场机制本身存在缺陷，创新资源的配置也存在市场失灵问题，例如创新成果的外溢性和准公共物品等特性都会导致市场机制的失灵。因此，政府必须出面干预，利用市场规律，介入科技创新过程。市场失灵和政府失灵同时存在，要摆脱这些困境，可以引入"第三种力量"。诺贝尔经济学奖获得者奥斯特罗姆（2009）指出，弥补市场失灵时的最好方式不是政府干预，而是一种"非正式关系"的机制，或称集体自主治理方案。这是一种既没有纳入市场规范，又没有纳入正式制度的非正式关系。因此，低碳产业集群在发展中还有资源配置机制，包括自组织机制、集体学习和社会信任机制、社会惩戒机制等。

第一节　市场机制

一、市场机制的含义

市场机制是市场经济有序运行的内在调节机制，制约着市场功能的发挥，规定着市场运行的轨迹，是市场体系的灵魂。市场机制包括价格机制、供求机制、竞争机制、风险机制等，这些机制通过价格的波动、市场主体之间的竞争、市场供求关系的变化来调节经济的正常运行。各种机制之间相互联系、相互影响、共同作用形成市场机制体系。其中，价格是市场体系的核心要素，直接影响市场主体的经济利益。价格的变动引起商品生产者和要素供应者的竞争，从而促进生产要素合理流动，实现资源的优化配置，因而价格机制是市场机制的核心。竞争机制是资源配置的重要杠杆，弱肉强食的竞争法则及由优胜劣汰的风险约束创造出的危机感，迫使各个经济主体通过不断技术创新、制度创新、产品创新、市场创新、组织创新、管理创新等实现利润最大化目标。同时，诱导生产要素和资源流向效率最高的生产企业和部门，提高社会资源配置效率；供求机制是供求规律的表现形式，风险机制是市场主体活动的盈利、亏损和破产之间的相互联系和作用。

市场机制对资源配置起着基础性作用，但市场不是万能的，即存在着"市场失灵"。从市场发挥作用的过程看，市场调节是事后行为，带有盲目性，容易导致无序和混乱，伴随剧烈的经济震荡及社会劳动的巨大浪费；从市场调节的对象看，市场在面对微观经济主体的直接需要时作用有效，在面对社会总体需求则有盲点，因而具有短期性、微观性；从市场调节的空间范围看，市场促进资源优化配置的过程，是通过一部分资源配置不经济来实现的，通常伴随着资源的浪费；从市场调节的内容看，市场机制能促进竞争，但竞争往往导致垄断，垄断势必影响市场机制的有效运行和市场主体的平等竞争，最终损害整体经济效率。外部性问题的解决不可能通过市场作用自发调节，如果放任自流，将影响社会资源的有效配置；公共产品也不能通过市场充分提供等。

二、市场机制与协同创新

在市场经济条件下，市场机制是经济运行的基本机制，在资源配置中发挥着决定性作用。从科技创新本质看，科技创新是一个经济技术范畴，强调科技创新成果市场价值的实现。从科技创新的内容来看，技术研发的方向来源于市场或社会需求，技术路线通过市场竞争和优胜劣汰进行选择；从科技创新动力来看，市场需求相较于技术进步是更为重要的推动力量，扩大市场份额或开辟新的市场以及攫取超额利润驱动企业的创新研发；从科技创新的投入来看，科技创新所需资源主要由市场配置，资源要素的价格大多由市场供求、资源稀缺状况来决定；从科技创新的目的来看，科技创新成果由市场检验和使用。创新动力、创新内容、创新资源、创新应用、创新环境都和市场紧密相连。因此，对于产业集群创新发展和升级而言，市场机制同样发挥着决定性的作用，具体表现在：

（一）价格机制与协同创新

价格是具有高度灵敏性和灵活性的市场调节手段，价格上升会刺激供给、抑制需求，价格下跌则会刺激需求，抑制供给。价格机制在市场运行中发挥着提供信息、经济激励和决定收入分配等功能，是市场机制的核心。"理性人"的经济行为是"成本—收益"权衡的结果。在完善的市场经济条件下，价格反映了商品及相关产品的供求状况，是生产者边际成本，消费者支付意愿的指示器，是经济主体进行"成本—收益"分析的最基本经济变量。价格资源配置的功能是通过影响经济主体的成本、收益，进而改变他们的生产、消费决策而实现的。一方面，市场价格引导创新资源使用。创新过程作为一个技术经济过程，经济主体是否使用科技创新资源，使用多少创新资源的决策首先取决于成本与收益的比较。创新资源取代传统要素、改造传统要素、进行优化组合是实现协同创新的基础。随着一般要素价格和创新要素价格的变动以及各种要素资源价格对比关系的变化，创新主体通过成本与收益的权衡，将加大创新要素资源的使用，对资源要素进行新的组合，从而实现协同创新。比如，企业在降低生产成本取得价格优势，从而获取超额利润动机驱使下，会加大科技创新的投入、高端人才的引进、创新平台的建设和知识产权的创造等，使得创新要素在生产发展中占据主导地位，采取协同创新型经济发展方式。另一方面，市场价格能引导创新。市场需求或社会需求的变化引起市场价格波动，价格信号引导企业调整资源配置，进行生产要素新的组合，从而通过创新去满足社会需求和市场需求。也就是说，市场把创新成功与否的裁决权交给消费者，从而达到使创新服务于消费者并引导创新的目的。

（二）分工协作机制与协同创新

亚当·斯密（AdamSmith）认为劳动分工对生产率的增进具有积极作用，并第一次真正把分工置于经济学的首要地位来研究。马克思在《资本论》对分工与协作进行了详细论述，这一论述成了产业集群存在的原因，也是集群竞争优势形成机理的理论基础（吴宣恭，2002）。产业集群内企业之间的分工协作关系主要表现为产品价值链的分工，即原料采购、生产、装配、销售等各个增值环节都由不同企业来完成。产业集群的竞争优势主要来自这种分工协作方式。首先，分工协作形成的各个企业的专业化发展格局，有助于促进每个生产和流通环节的创新活力。更重要的是，细密的分工协作形成了高效的企业网络组织。网络组织产生的学习效应、竞争效应和品牌广告效应等有利于新企业的衍生和成长，最大限度的发挥集群网络推动技术进步、强化区域竞争优势的功能。当然，在网络组织内企业可以共享市场网络、基础设施、公共产品和区域品牌，降低了交易成本，从而也就降低了创新成本。

（三）竞争合作机制与协同创新

竞争与合作作为产业集群的基本运行机制在产业集群内是普遍存在

的。竞争既可以是产品质量的竞争，也可以是产品价格的竞争、人才的竞争、技术工艺的竞争，还可以是争夺生产要素、原材料以及客户资源等方面的竞争。但所有的竞争都最终表现为创新的竞争，包括技术创新、管理创新、观念创新等各个方面。一言蔽之，市场竞争犹如一根鞭策企业进行技术创新的大棒，竞争提供企业改进和创新的原动力。产业集群内的竞争因企业的地理集中而具有"面对面"的特点，"面对面"是一种加剧的竞争，因而，集群经济条件下的竞争对创新的推动作用更强。如果竞争受阻，企业不能自由进入市场过程，产品和生产要素不能自由流动，市场机制的作用就会扭曲、变形，削弱乃至丧失调控功能。完备的竞争制度包括竞争秩序、规则、反垄断和不正当竞争的措施、机构等。

产业集群内企业及相关机构之间既有着激烈的市场竞争，又有着多种形式的合作，如共同开展技术攻关、联合开发新产品，开拓新市场，建立生产供应链等。这些合作关系为集群企业的创新发展提供各种共享资源和条件，促进企业之间在技术上的相互学习，并降低交易成本，共同分担创新风险，实现创新的网络协同效应，为产业集群的持续发展提供源源不断的活力。因此，竞争刺激创新的发生，为企业进步和创新提供压力和动力；合作为创新提供有效的实现形式，提高创新的效率。

各国产业集群发展的经验也表明，激烈的竞争和高效的合作是不断提高低碳产业集群竞争力的重要保障。相反的，当集群内部的竞争合作机制出现问题时，集群的竞争力就会受到损害。信任的文化氛围和规范的制度环境对于竞争合作机制发挥作用具有关键意义。首先，公平的竞争秩序和竞争规则是在以信任为基础的地方文化上形成的。在长期的商业活动中逐渐形成的以诚实、信用为核心的行为规范，是企业间稳定合作关系的基础。其次，建立并维持企业和机构间稳定的合作关系，除了行为规范的约束，还要求政府采取法律化、制度化的手段，防止破坏竞争合作的机会主义行为。

（四）风险机制与协同创新

创新风险源自创新的不确定性，包括技术风险、产品风险、市场风险、环境风险、财务风险等。可见，创新一旦失败便会带来巨大损失。尽管如此，创新成果的收益也必然包含风险溢价，同时由于创新成果拥有专有产权的保护，可以使企业获得垄断利润，这些都给企业带来高额回报。正是这种对高收益的期望，驱使企业和个人敢冒风险进行创新。另外，市场机制可以部分消除创新的不确定性，因为多家企业会为同一个创新目标进行竞争性的研究开发。这一方面有助于尽快找到创新的捷径；另一方面又会形成一个争夺创新优先权的竞争性的环境，大大提高创新的效率。

三、运用市场机制推动低碳产业集群协同创新的途径

市场机制发挥资源配置、调控经济运行的功能，需要一定的制度框架和环境条件。第一，作为市场微观基础的企业是否建立了现代企业制度；第二，是否形成了统一、开放、竞争、有序的市场体系；第三，是否建立了完善的市场机制，包括价格机制、供求机制、竞争机制等；第四，是否形成了完善、灵敏的宏观调控体系；第五，市场竞争秩序和市场监管是否规范等。只有形成了健全的市场体系和市场机制，建立了良好的市场规则和市场秩序，并由健全的法律法规体系和严格的执法作保障，才能实现资源的高效配置，集群企业才能获得发展的动力和压力，促进低碳产业集群的可持续发展。

（一）明确企业市场主体地位

企业是微观经济主体，也是技术创新的主体，在协同创新系统中居于中枢地位。市场机制发挥作用的前提是企业成为独立生产、自主经营、自负盈亏的市场主体，成为拥有充分自主权的创新主体。这是因为市场机制调控经济运行以企业独立、分散决策为前提。企业参与市场过程，必须有明确的产权关系，划定经济主体对企业财产支配、处置、收益的各种权利，规定其经济决策行为和相应经济责任之间关系。产权关系明确，不仅

包括产权归属关系明确，而且指各产权主体拥有权利之间及权利责任之间界定清晰。

（二）发展和培育统一开放、有序竞争的市场体系

市场体系是指各类市场（包括商品市场和要素市场）及市场要素相互联系、相互影响、相互渗透的有机整体。完备的市场体系要求市场体系各构成部分是健全的、相互配套的及协调发展的，商品和要素可以自由流动，是统一、开放、竞争、有序的。

完善的市场体系是资源合理配置的载体系统，是形成功能齐全的市场机制的基础，是市场机制功能充分发挥的前提条件，也是建立技术创新激励机制的外部保障条件。只有在完善的市场体系中，价格信号才能有效传导，市场机制才能有效发挥作用，传统生产要素和知识、技术、信息、管理、人才等创新要素才能实现高效配置和流动。在市场体系不健全、市场结构不合理情况下，市场机制难以发挥有效的调控功能。如果市场体系不健全，市场机制就不能够正常运行。商品市场的价格机制，调节商品供求；资金市场的利率机制，调节资金流向；劳动力市场的工资机制，调节劳动力合理流动。它们都是市场机制不可缺少的组成部分，各自从不同角度牵动影响市场主体利益，从不同侧面调节经济运行。创新作为一种经济技术行为过程，知识、科技、创新成果的供给与需求、配置与流动，创新主体的创新行为也必须首先依靠市场机制的有效作用。前提是建立知识、技术、人才、信息、创新成果、知识产权的统一开放的市场体系。关键是促进各类生产要素市场的形成和完善。没有完善的要素市场，难以实现要素的流动和重组，难以发挥市场机制配置资源的作用。

实现通过协同创新促进产业集群低碳升级，进行资源要素特别是对创新要素的优化配置，应当加强金融资产交易、土地交易、能源交易等市场交易平台建设，促进包括技术交易市场、知识产权交易市场、人才交易市场、信息市场等要素市场的发育完善，推动碳汇交易、排放权等交易市场建设，构建较为完善的要素市场体系，促进科技创新要素向企业、产业、

区域聚集，以及科技创新成果向周边的扩散和外溢。完善的市场包括市场主体结构完善、市场交易规则完善、市场法律法规体系完善、市场主体具有自主经营自主决策和自主交易权利等。

（三）市场化的价格体系

价格是市场的核心要素，价格机制是市场机制的核心机制。在完全竞争市场条件下，市场价格是由产品或服务的供给和需求关系决定的，只有当市场供给等于需求时才会形成市场的均衡价格。价格变动影响市场主体的成本、收益，进而改变他们的生产或消费的决策，实现价格配置资源的功能。一个合理的价格体系，应当全面、及时、准确地反映市场供求状况，引导创新资源的流动配置。当某一生产要素价格上涨，反映该生产要素相对稀缺程度加深。在企业追求利益最大化动机驱动下，市场应增加该生产要素的供给；反之，当某一生产要素价格下跌，表明该生产要素相对稀缺程度减缓，市场应减少该要素的供给。如果由于人为干预造成价格体系扭曲，价格变动不能反映市场供求状况，价格机制失灵，依据价格做出的决策就会出现失误，最早造成市场供给和需求不适应。

要建立主要由市场形成的价格机制。价格要根据市场供求关系的变化上下浮动，并向市场主体发出规范的市场信号，使其做出有利合理的经济决策。在经济发展过程中，若政府对自然资源、环境和生态损害定价不合理，主要是人为压低和扭曲资源价格，价格不能真实反映资源稀缺程度、供求变化、对生态环境修复和保护的成本，资源的流动和配置就会失去导向，资源配置结构不合理带来配置效率不高。企业在利润最大化动机驱使下，经过成本和收益对比，就会加大对资源能源的消耗，而减少科技研发、人力资本投资，形成要素驱动发展的路径依赖，协同创新发展的新型经济发展方式则难以形成。

（四）建立激励创新的市场竞争制度

企业生存发展面临着外部竞争压力，可以从外部形成持续的发展创新动力，激发企业技术创新动力。优胜劣汰的市场压力，会促使企业为维持自身生存发展而加大科技研发力度，有效利用资源。如果市场准入限制过多导致竞争不充分，受保护企业凭借垄断地位获取垄断利润，企业就会缺乏创新动力和活力。因此，必须建立公平的市场准入制度，有效打破封锁和垄断，创造各种企业平等获取创新资源，创新成果进行公平的竞争。还要建立公平竞争的规则和制度，规范约束不正当竞争，防止不法企业凭借低价竞争打压守法企业，造成劣币驱逐良币，从而保证竞争行为规范有序，激发企业创新动力。

（五）完善技术创新成果交易的市场制度

通过市场交易获取创新收益，是激发技术创新活力的重要内容。在形成完善的创新成果市场交易制度方面，一是要完善创新要素市场体系，包括建立技术和知识产权交易市场，完善技术交易中介服务等；二是建立一系列规范技术创新市场交易规章制度，以降低创新主体的交易成本和创新成本；三是建立市场交易信息系统，减少市场运行中的信息不对称，提高创新效率；四是建立并严格执行知识产权等创新成果的保护制度，提高侵权成本和降低维权成本，保护创新者的利益，激励创新积极性。

第二节 政府调控机制

市场经济中，市场机制发挥对资源配置的基础作用，但即使在完善的市场经济中，政府的作用也是不可缺少的。首先，市场经济自身是有缺陷的。以私人利益为动力的自由市场经济存在着不可克服的内在矛盾和缺陷，如盲目性、自发性和滞后性以及寡头垄断、经济危机、贫富分化、生态破坏等；其次，市场机制存在失灵现象，如外部性、公共产品和信息不对称等所谓的"市场失灵"问题。最后，市场机制运行是有条件的。市场经济的正常运转是有条件的，即法律体系、竞争规则、宏观环境、社会保障等条件的形成和完善离不开政府的作用。因此，由于市场自身的缺陷、"市场失灵"及市场发挥作用需要政府提供条件，为政府干预和调节经济运行提供了合理依据，也为政府介入低碳产业集群协同创新和升级发展提供了依据。研究政府在产业集群创新发展中的作用方式，首先需要阐明政府参与产业集群发展的原因，界定政府与市场在低碳产业集群发展中的作用范围和相互关系，在此基础上建立政府职能与协同创新的内在联系。

一、低碳产业集群协同创新中政府的作用

市场本身存在着局限性，企业作为"经济人"，其逐利的本性将会导致"柠檬市场""公共地悲剧"、公共产品缺失等市场失灵现象的发生。因此，为了弥补市场缺陷，政府必须干预调节产业集群的发展。

（一）治理集群外部性的需要

在经济活动过程中，经济主体经济行为的外部经济效益是市场机制自发调节的盲区，形成所谓的"外部效应"，即某个经济主体的行为或活动对他人或社会产生了影响，却没有为之承担相应的成本费用或获得应有的报酬。无论正外部性还是负外部性，都会导致资源配置不当，达不到"帕累托最优"状态，影响社会整体福利水平。科技创新是科技成果市场价值实现的过程，是一种市场行为，但在创新过程中，往往存在正的外部性，即创新的私人收益小于社会收益，要求政府加大对具有较强外部性的科技、人才、教育、培训等投入的力度。或者，通过法律法规界定和保护知识产权，使得创新私人收益尽量接近创新社会收益。

（二）提供低碳产业集群公共产品的需要

公共产品具有非竞争性和非排他性，是低碳产业集群形成和发展的物质保障。公共基础设施和公共事业服务越完善，质量越高，对居民和企业的迁入越有吸引力，集群效应就越大；反之，公共产品和公共服务的缺失会影响同类或关联企业及相关机构的进入，制约产业集群的发展壮大。公

共产品和公共服务具有非竞争性、非排他性的特点，决定了消费者会产生一种期望他人承担成本，而自己坐享其成的"免费搭车"心理，追求利润最大化的私人企业就不会向市场提供这类产品。因而，单纯依靠市场不能满足社会对公共产品的需求，这时地方政府必须介入，通过提供公共产品和公共服务满足低碳产业集群发展的公共需求，促进集群的发展。在低碳产业集群创新发展过程中，基础研究、产业共性技术、前沿技术、公益技术和人力资本等具有公共品属性，单靠市场机制无法充分提供，在这些领域需要政府的投入和支持。

（三）维护低碳产业集群市场秩序的需要

在低碳产业集群发展中，有序竞争的市场环境是企业主体进行科技创新的动力来源。无论是产权的保护还是交易规则的建立，政府都发挥着关键作用，正如弗里德曼所言："政府的必要性在于它是竞争规则的制定者，又是解释和强制执行这些已被决定的规则的裁判者。"界定和保护集群内企业的产权，消除企业进入集群的壁垒，引导和参与制定集体行为规则，为其中各类主体创造公平竞争的制度环境，是地方政府在产业集群发展中的必要职责。

（四）实现集群升级和可持续发展的需要

低碳产业集群维持持续的竞争力，实现可持续发展的关键在于集群创新，如兴建基础设施，创建集体品牌，成立中介机构和建立技术创新平台等，这些集体创新的任务由政府承担解决了创新必然存在的外部效应、"搭便车"问题和集体许可问题，节约了交易成本，实现集群创新和可持续发展。

二、政府调控的基本原则

低碳产业集群的创新发展和转型升级需要政府的干预、调节、引导和服务，但政府的作用是有边界的，尤其要区别政府与市场作用的范围。在政府与市场的关系上，总的原则应该是培育市场而不是限制市场，完善市场而不是削弱市场，间接干预而不是直接干预，宏观调控而不是微观管理。

（一）政府作用的领域在于弥补市场的缺陷和不足

在市场机制能够有效配置资源、发挥经济调控作用的领域，政府就不能盲目干预，而是要尊重并发挥市场机制的作用，市场机制不健全，不能有效配置资源的领域，才是政府干预的范围。政府通过制定法律、政策，规范等规范管理市场行为，避免出现垄断、外部性、公共物品不足、经济波动、分配不公等"市场失灵"问题。在产业集群发展中，企业和公共机构之间的合作关系属于集体创新的范畴，是产业集群竞争力和活力的关键，市场对此无能为力，政府必须发挥作用。

（二）政府作用的目的在于健全和完善市场功能

市场体系完善与否、市场机制健全与否、市场功能完备与否，是政府作用的一个原则界限。一般而言，当市场功能丧失或市场失灵时，需要政府强有力的调控。当市场功能比较完备，作用正常发挥的时候，政府的作用就要淡出，以充分发挥市场调节的功能。

（三）政府作用的检验标准是市场的正常运行

在市场经济条件下，政府作用的方向是恢复、保持和强化市场的功能，作用的依据是市场功能缺失的状况，检验和评价政府作用的标准，是市场的运行状况，而不是最终取代市场，否则就是本末倒置。因此，政府在产业集群中不应直接管理其中的企业和机构，应首先着眼于激活市场机制并维持市场机制的正常运转，这是市场与政府关系的根本点。

三、调控方式

政府在低碳产业集群创新发展中的作用，可以区分为中央政府和区域地方政府两个层面。中央政府干预的重点在国民经济的整体平衡和区域集群所形成的产业整体的调控以及对外关系的协调等，同时提供基础环境条件，比如教育、科技、人才等。在低碳产业集群创新发展过程中，地方政府往往发挥更加直接的作用。地方政府为弥补市场在创新方面的缺陷和失灵，主要在提供公共服务和公共产品、通过制度创新激励约束创新主体行为、促进创新主体合作、营造适宜创新环境等方面发挥作用，主要通过制度创新制定激励和保护创新的政策、市场规则和法律法规，提供公共产品和公共服务，规范市场秩序、营造创新社会环境，协调创新主体关系、促进网络主体创新合作，对协同创新进行统筹规划等方式以制度创新者的姿态参与创新，是协同创新的组织者、促进者、协调者。政府一般通过设立高科技园区，搭建技术创新资源集聚平台、促进产学研合作、营造创新环境、组织集体行动、进行技术创新引导投入等各种方式介入创新。

（一）提供公共产品和公共服务

低碳产业集群创新发展的实践表明，良好的公共产品和公共服务条件是产业集群健康持续发展的重要支撑。政府应加大在外部性和社会效益较大的公共产品和公共服务的投入。低碳产业集群中的公共产品，不仅包括良好的道路交通、通信、供水、供电等硬件基础设施，还包括公共图书馆、活动场所、信息网络等公共设施的建设，以及公共研发中心、公共技术实验室和产业技术数据库等组成的创新基础设施和公共技术创新服务平台，这些公共服务平台是低碳产业集群得以形成并持续发展的重要公共产品，是降低交易成本和提高产业竞争力的重要因素；人才资源是协同创新的重要来源，也是重要的公共产品，政府应通支持教育和培训对等多种手段支持创新人才的培育、发展和流动，提高低碳产业集群内人力资本禀赋水平；基础研究、前沿技术研究、产业共性技术研究以及社会公益研究等是具有基础性、外部性、开放性和关联性的公共产品，是企业技术开发的基础，是产业集群创新能力和竞争力的重要来源，无法通过市场机制实现充分供应，政府通过直接投入、牵头组织以及 PPP（public-private-parternership）等方式参与公共研究。

（二）加强市场管理

竞争合作机制是集群持续发展的原动力。有序的市场竞争能增强集群内企业的创新能力，提高低碳产业集群的整体竞争能力。无序竞争甚至恶性竞争将影响集群的健康发展，如果放任集群内企业间的恶性竞争，很容易出现"柠檬现象"。[①] 因而，必须建立竞争规则和竞争秩序，保证公平有序的竞争，防止过度竞争和机会主义行为，才能使竞争成为企业持续改进和创新的动力。

市场是低碳产业集群可持续发展的基本环境，完善的法律和规范的制度对于市场机制的有序运行和竞争合作机制作用的发挥具有关键意义。法律和制度是应当并且只能由政府提供的公共产品，这是因为政府是社会中最大的非市场组织，具有强制力和再分配能力，能够在建立市场规则以规范市场秩序方面实现规模效益。正如弗里德曼所说："政府的必要性在于它是竞争规则的制定者，解释和强制执行这些已被决定的规则的裁判者。"因此，规范企业行为，引导企业开展协作型竞争，避免恶性的无序竞争对产业集群竞争力的不利影响，需要政府通过发挥立法和执法功能来完善市场机制，规范市场秩序，严厉打击和控制机会主义行为；政府通过引导和推动企业建立行业自律性社团组织，实行政府监管和行业自律并举，共同规范市场秩序，制止无序竞争。

（三）强化低碳产业集群创新网络建设

低碳产业集群的发展不仅取决于单个机构，其绩效的发挥在更大程度上取决于企业、高校院所、行业协会、政府部门等相互开放、相互交流、相互渗透所构成的区域创新网络，取决于网络内各行为主体之间的联系和互动。由于地理上接近、产业上关联、文化制度相近、人员频繁交流，集群网络具有强大的创新及知识扩散能力。因此，完善的区域创新网络是产业集群发展的基础，也是提升集群竞争力的关键。区域创新网络是指一定区域内创新行为主体为实现协同创新目标所结成的旨在促进创新的网络，由各创新主体之间的经济网络和社会网络构成。完善的区域创新网络可以促进主体之间的协同，加快知识、技术和信息的交流扩散，进而产生创

[①]　胡宇辰. 产业集群的支持体系研究 [M]. 北京：经济管理出版社，2005：87.

新。区域创新网络理论认为，区域创新网络是区域创新主体自发形成，为使不同创新主体之间交流沟通更加顺畅、系统性更强，政府在产业集群网络中发挥着重要功能：促进产学研合作。鼓励企业和高校、科研院所联合开发新技术、新产品；支持成果转化的中介服务机构和工程技术中心建设，推动科技成果和高新技术通过技术市场向经济领域扩散，转化为现实生产力；建立协作网络，促进资源共享。支持建立信息网站和公共信息服务平台等多种方式，向社会发布开放工作信息，主动提供开放共享服务。

1. 政府要注意引进和培育网络主体

网络主体是形成产业集群网络的基础，也是进行协同创新的关键。如果在产业集群内缺少高校院所提供技术支持，缺少行业协会提供公共服务、协调企业行为，缺少信息机构提供信息咨询，缺少金融服务机构提供金融扶持，集群网络将是残缺的、不完善的，网络的集群创新或协同创新就无从谈起。

2. 政府要建立并完善网络主体之间沟通合作的运行机制

网络主体之间的沟通合作机制对于建立信任和合作、增加集群社会资本、促进知识信息的扩散、提高集群学习效应和联动创新具有重要作用，是一种制度创新。尤其重要的是建立产学研资政紧密结合的互动发展模式，最大限度提升区域集群的创新能力，促进创新在集群内的传播。

（四）完善集群公共服务体系

公共服务机构是集群网络的组成部分，是网络结构发育完善的推动力量，也是产业集群结网机制发挥作用的重要因素。产业集群的成功经验表明，为企业提供知识、技术、信息等专业化服务的公共配套支撑机构，对于促进集群网络主体之间的联系发挥着重要作用，是提高产业集群创新绩效的关键因素，在促进集群创新和实现集群可持续发展方面扮演了重要角色。

公共服务组织的产生是一种制度创新，是制度变迁的结果，是市场经济发展和社会分工的必然产物。按照新制度经济学的观点，制度变迁有强制性制度变迁和诱致性制度变迁两种基本模式。诱致性制度变迁是充分利用现有社会资源，让社会上的一些机构和人员发现对集群内企业服务的盈利机会，由民间在市场自发作用下形成各种服务机构。地方政府则在税收、信贷、工商管理等方面给予支持，提高其为集群内企业服务的积极性，加快集群公共服务机构的发育。在我国经济发达地区的低碳产业集群中，在市场机制下自发形成的各种行业协会等服务机构比较普遍。在其他地区集群发展的初期，民间和市场力量较弱的情况下，市场和民间还没有足够的凝聚力自发产生这些服务机构，由于诱致性制度变迁具有渐进性的特点，在这种条件下，地方政府主动出面，创办行业协会和企业家协会，建立政府主导、市场化的公共支撑体系。随着协会功能的不断完善，企业对协会组织功能的深入了解，协会将并不断摆脱其行政身份，真正成为企业需要的自治组织。推动集群的自我管理、自我服务、自我规范，增强企业间的沟通与联系，促进企业与政府及高校院所的合作，形成政府管理与企业自律良性互动相互补充。

（五）推进产学研合作

促使集群创新系统内的企业、高等院校、研究机构以及服务机构等要素的有机结合，形成以企业为主体、科研院所为支撑、市场为导向的产学研相结合的科技创新体系，能够增强对外部创新资源的吸引能力，释放集群内部集体创新效率。

产学研合作是一项需全社会协同的系统工程。由于高校院所和企业的组织愿景和评价标准各有侧重，在创新过程中只关注自身而忽略社会整体需要，因此，产学研各方均不能独立承担起协调和组织的重任，显然，这一工程离不开政府的干预。政府介入创新最重要的是通过政府制度创新，使得创新系统的各个环节、各个部分围绕创新目标进行集合、协调和衔接，从而形成协同创新。比如，政府通过建设具有公共服务功能的科技企业孵化器，对企业技术创新和大学知识创新两大创新体系进行集成，促进企业家和科学家的合作，使科技成果转化为现实生产力。

（六）制度创新激励保护创新

从创新产出来看，科技创新成果具有准公共物品、外溢性和社会性的某些特性，需要政府的参与和保护。从创新过程来看，科技创新是一种创造性的过程，具有多环节连接、多主体协同的特点。创新主体的合作，科技创新成果的流转需要大量交易成本，需要政府参与组织协调和整合促进。从创新环境来看，创新过程面临不确定的技术、市场环境条件的影响，一般面临着高额的成本支出和很大的不确定性，需要政府提供创新环境这种公共产品。因此，政府的政策激励是技术创新活动不可缺少的一环。

政府通过制度创新，用非市场化的方式激励企业和高校院所进行科技创新，并为其营造一个适宜的政策法律环境，消除技术创新过程中的各种不确定性，加快科技成果向现实生产力转化以满足社会需求。这些政府激励政策包括要素资源政策、环境保护政策、财税激励政策、金融激励政策、专利保护政策、公共采购政策（或称需求调节政策）、中小企业政策等，并进行各种政策的协调和衔接，营造激励和保护创新的政策制度环境：要素资源政策支持技术创新活动对资源要素的需求，引导创新要素投入产业发展；环境政策通过环境和生态成本的杠杆作用，鼓励技术创新和绿色低碳发展模式；财政政策往往以税收优惠或财政投入等形式支持技术创新行为；专利保护政策主要通过排他性产权的确立来保证发明者获得创新回报；政府采购政策（或需求调节政策）是通过向创新企业提供一个稳定可靠的公共消费市场，减少技术创新过程中市场方面的不确定性，稳定企业创新收益预期；金融支持政策主要通过创新金融工具、金融手段、金融机构和金融市场，为技术创新提供充裕的资金支持，建立金融资本与产业资本分担技术创新不确定性的机制；中小企业政策则主要通过鼓励中小企业创新发展，大量的企业运用不同创新路径和创新手段，通过市场竞争实现创新的优化配置；为了防止技术创新活动中的搭便车行为，政府制定知识产权制度。严格的产权制度通过授予创新者一定的垄断权，解决了技术创新溢出效应的外部性问题，从而提供了创新激励。

（七）低碳产业集群创新规划和计划

产业发展规划和产业发展政策是政府对低碳产业集群进行宏观指导和协调服务的基本依据，对于产业配套的完善、分工协作机制和竞争合作关系的形成以及集群网络的发育都具有重要的指导意义。政府要遵循产业集群发展的内在规律，根据区域经济发展的实际，充分分析了解区域产业传统、资源优势、区域风险和发展机会，科学制定集群发展战略目标和措施。要将产业集群政策的目标定位于完善产业链条和产业配套、鼓励集群内产业与企业的交流合作及网络化、实现产业结构升级、提供更好的公共计划和投资等方面。同时，政府还要根据世界科技发展的现状和趋势，并根据区域实际情况，制定一个地区在未来一段时间内科技发展和创新的战略目标、战略计划，在低碳产业集群发展规划中，更多注重协同创新的指导作用，这是科技创新迅速有序发展重要的制度保证。

但是要看到，市场经济需要政府干预，但政府干预并非总是有效。由于政府机构也存在"经济人"行为动机、缺乏竞争对手造成的垄断、利益集团的影响、信息不对称以及缺乏激励约束机制等原因，政府干预有时表现为决策失误、低效率、寻租行为、政府职能的"缺位"和"越位"等，使得政府作用和干预的结果不能达到预期目标，甚至损害市场效率，造成所谓的"政府失灵"。

第三节　集群治理机制

在创新过程中，"市场失灵"和"政府失灵"同时存在，要摆脱这种困境，就要从根本上改变"政府—市场"二分模式分析解决问题的思路和方法。诺贝尔经济学奖获得者奥斯特罗姆（2009）指出，解决"市场失灵"最好的方法不是政府干预（因为政府同样存在失灵），而是一种非正式关系的机制。这种既没有纳入市场规范，又没有纳入正式制度的非正式关系会带来更好的解决方案，或者叫集体自主治理方案。"第三种力量"的介入并不排斥政府和市场的作用，而是以市场为导向，在政府的支持下，弥补市场和政府的不足，形成分工明晰、多管齐下、有序共生的体系，协调主体关系并在资源配置中发挥重要作用。低碳产业集群升级发展中的"第三种力量"就是低碳产业集群升级发展的集群治理机制。

研究表明，低碳产业集群是一种区域自组织系统，通过区域治理的自组织协调机制协调各主体之间的关系和进行资源配置。郝寿义（2007）基于制度安排视角将"区域治理"界定为：通过内生于区域的正式或非正式的制度安排，区域主体设定区域的目标和规则，制定区域的公共决策，组织协调区域的集体活动等[①]。"治理"与"管理"相比较，具有治理内容广泛、治理主体多元、治理手段灵活等特点，强调多元主体之间的平等协商和沟通。区域治理的自组织协调机制包含主体、客体、规则和目标四大要素，各要素相互作用、相互依赖，构成区域治理的四个不可或缺的子系统。

在低碳产业集群创新驱动体系形成和发展中，涉及企业与高校院所、政府间等多元主体利益的协调，需要吸纳各利益相关者的参与，汇集各方愿景，实现有效、公平的治理。集群治理中的不同主体，掌握不同的资源和权力，受到不同的规范和约束。集群治理的主体之间存在着持续、复杂的相互作用，这种相互作用围绕集群资源配置优化和创新能力提高目标展开，并在产业集群升级发展中得以体现。主体之间的相互作用受到集群内部治理规则（正式规则和非正式规则）的制约。这些规则可以协调集体行动，抑制机会主义行为，促进成员合作，达成共同目标。

（一）集体学习和知识转移机制

集体学习是集群内企业为了应对技术创新不确定性而采取的协调行动，本质上是实现知识空间转移的有效载体。当单个企业缺少足够的创新

---

① 郝寿义，安虎森等. 区域经济学 [M]. 北京：经济科学出版社，1999.

资源时，集群内企业往往采取合作的方式决问题，由此形成一种集群内集体学习机制。因此，集群学习机制往往形成于集群内企业共同应对外部各种威胁、挑战和机会时的情境。

低碳产业集群内企业和机构之间集体学习和技术转移的渠道主要有以下几种：第一，人力资源在集群机构间的流动。劳动力是技术知识的重要载体之一，也是核心载体。劳动力在集群企业间的流动促进了知识在成员企业间的扩散。自马歇尔产业区理论开始，劳动力要素的流动就一直被认为是知识转移和溢出的重要机制。第二，集群企业间的合作互动。企业和相关机构之间的合作创新是技术知识流动最为直接的方式。第三、人员之间的非正式交流。产业集群内各个机构的成员基于相近的文化背景，在信任和承诺基础上形成非正式网络，对各种知识、信息、经验和技能的扩散发挥了重要作用，特别是各种隐含经验类知识的传播。集体学习和知识转移的效率常受到地区社会文化的制约。其中，集群网络中行为主体之间建立在合作基础上的相互信任，是最为关键的因素。在信任度高的制度环境下，交易成本低，知识信息的交流通畅，企业间联系因此增强，集体学习的效率大大增强。一个显而易见的事实是，高信任度的区域要比低信任度的区域更容易通过结网进行系统创新。

（二）社会资本和信任治理机制

社会资本有利于集群信任机制的形成，分工与合作、空间集聚、社会文化的嵌入等都是产业集群信任治理的制度化。诺贝尔经济学奖获得者阿罗（Arrow，1975）认为，企业中的每一项交易活动都包含有信任要素，信任是社会系统重要的润滑剂，没有什么东西比信任更具有重大的实用价值。信任文化大大促进了集群内部的知识流动和互动学习，体现在产业集群内部企业之间的内部联系性与网络根植性。

低碳产业集群是由一系列围绕相关产业的行为主体组成，在一定地理范围内形成的集聚。集群主体根植于相同或类似的社会文化背景和区域环境，具有地理邻近性和产业关联性，围绕产业发展进行分工协作、竞争合作、集体行动，彼此之间正式或非正式交流频繁，极易产生信任机制。

（三）社会惩罚机制

社会惩罚机制是一种对集群主体行为进行约束的有效机制，是指对违背产业集群共同行为规范和价值观念的成员予以集体处罚，包括私下议论、公开传言、短期驱逐、有意破坏等各种行为和手段。社会惩罚机制通过呈现违规后果使成员明确可接受的行为，抑制了成员的机会主义倾向，进而对交易起保证作用。

第四节　协同创新机制

《中国中小企业发展报告（2014）》指出：近年来我国中小企业发展内生动力有所增强，以创新实现转型升级成为政府和企业共识，中小企业创新所需资金、技术、人才、市场等各类要素加快向企业集聚；中小企业和大企业分工合作化程度不断加深，中小企业围绕专、精、特、新加大投入，提高了协作配套能力；新产业融合不断涌现，为中小企业发展提供了新动力。然而，根据当前研究成果[1]和抽样调查，中小企业发展仍然面临以下问题：一是融资困难；二是高素质创新人才缺乏；三是协同创新信息获取难；四是政府支持力度不够。由于中小企业协同创新体系具有创新效率高、创新资源易得、信息沟通便捷、自主创新可持续、创新成果共享等特征[2]。因此，依托产业集群构建协同创新系统能够有效克服中小企业创新中存在的问题，进一步提升中小企业创新能力和环境适应能力。

低碳产业集群中的企业由于资源有限，对依托外部力量进行创新的

---

[1]　吕静，卜庆军，汪少华.中小企业协同创新及模型分析[J].科技进步与对策，2011，28（3）：81-85.

[2]　张波.中小企业协同创新模式研究[J].科技管理研究，2010（2）：5-7.

需求更为迫切。吕静在产业链协同创新模型和价值链协同创新模型的基础上，改进了中小企业协同创新模型。解学梅[①]通过实证研究得出，"企业－企业""企业－中介""企业－研究组织"等协同创新网络对中小企业创新绩效有显著的正向效应。龙静等研究了政府支持环境下服务性中介机构对中小企业创新绩效的影响。陈晓红等[②]提出了基于中小企业、高校及科研机构、政府、社会服务体系的"四主体"协同创新体系并分析了其运行机制。本书从低碳产业集群外部主体和内部企业两个方面构建中小企业协同创新体系。其中，外部主体包括政府、大学及科研院所、科技中介以及金融机构，内部主体主要从中小企业内部价值链、行业供应链和产业链三个层次解构集群内部协同运行机制。

一、协同创新网络构成及其运行

在低碳产业集群中，协同创新网络是指在开放式产业集群环境下，通过政策引导和支持，依托集群中核心大企业或超大企业创新平台，推动和加强中小企业与集群内核心大企业、其他中小企业、用户、政府、高校、科研机构以及社会服务组织之间的合作创新活动，即旨在提高中小企业创新能力和创新成果转化率，由创新主体、政策法规、信息、资金以及平台等相互联系、相互作用的创新要素所组成的有机集合体。

（一）协同创新系统模型

协同创新系统构建主要基于以下原则：①以产业升级为目标，经济转型为契机，强化企业合作基础，驱动政府—社会—市场之间的关系演化，实现政府、产业、高校、科研院所、民众、社会和环境协调发展；②依托集群背景，借助产业链、供应链、价值链分析工具，推动中小企业创新系统

---

① 解学梅. 中小企业协同创新网络与创新绩效的实证研究 [J]. 管理科学学报, 2010, 13（8）: 145-151.
② 陈晓红, 解海涛. 基于"四主体动态模型"的中小企业协同创新体系研究 [J]. 科学学与科学技术管理, 2006（8）: 37-43.

的互通互联及嵌套繁衍；③过程与结果互动，突破、发展与均衡并存；④创新形式与内容融合、活动与资源并轨、能力与绩效共生。基于以上原则，本书借鉴陈蓉（2016）构建低碳产业集群协同创新系统模型，如图5-1所示。

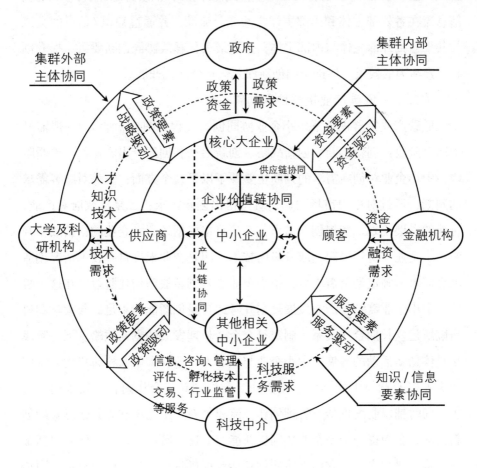

图 5-1　低碳产业集群协同创新系统模型

低碳产业集群中的协同创新系统主要包括集群外部主体协同、知识/信息要素协同和集群内部主体协同三部分。其中，外部主体为中小企业协同创新提供资源要素，包括政府、大学及科研机构、金融机构和科技中介机构。集群内部主体包括产业集群中的核心大企业、中小企业、供应商企业、顾客、竞争性中小企业、资源互补性中小企业等，内部主体协同分为企业价值链协同、供应链协同和产业链协同三个层面，通过加强自身资源整合以及与其他企业的竞争合作来促进中小企业创新能力的提升。中小企业协同创新系统中间层为知识／信息要素协同层，该层为隐性层，知识流、信息流在各外部主体和内部主体之间充分流动，并通过知识／信息的交流与共享连接外部主体与内部主体，达到最大化释放协同创新要素、提升创新要素活力的效果，促进协同创新深入化和全面化开展。

（二） 低碳产业集群协同创新过程

低碳产业集群视角下中小企业协同创新过程如图5-2所示，一般需经历四个阶段：创新诊断、创新战略、创新活动和创新产出。在创新诊断阶段，中小企业对创新需求的判断主要源于以下几个方面：一是对顾客需求的判断，通过对用户市场的调研直接得出创新需求；二是从政府对产业、行业的发展规划来捕捉创新需求；三是直接根据核心大企业的创新战略判断中小企业自身需要跟随或升级的技术；四是企业根据自有技术情况创造顾客需求。确定创新需求后，中小企业进入创新战略构建阶段。在这一阶段，中小企业需结合产业发展规划并考虑自身创新能力不足，与大学和科研院所建立长期合作关系，制定符合企业长期发展的创新战略。下一阶段是具体创新活动的开展。中小企业与核心大企业、大学及科研机构、供应商企业以及竞争中的其他小企业开展合作创新，合作内容以技术创新为主，同时辅以制度创新、管理创新、流程创新、工艺创新等其他形式的创新活动，全面提升中小企业协同创新能力。这一阶段的协同主体还包括金融机构和科技中介，它们为协同创新活动提供资金支持和中介服务。中小企业协同创新产出阶段主要是协同创新成果转化、产品生产及销售，创新产出形式主要包括产品或服务、创新能力、行业标准、专利及文献等。促进创新成果转化的机构有产业园、科技孵化器、生产力促进中心、创业服务中心、专利代理机构等科技中介组织，风险投资公司、基金公司、银行、保险公司等金融机构为成果转化提供资金支持和风险担保。中小企业协同创新产品生产和市场投放，还需集群内供应商企业、物流企业、销售企业等其他中小企业的支持与合作。

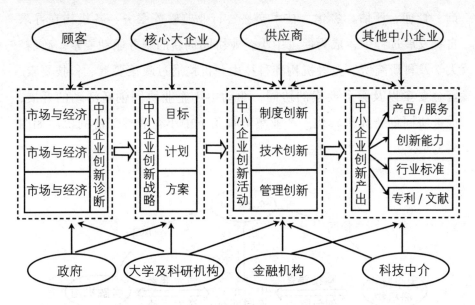

图 5-2 低碳产业集群中的中小企业协同创新过程

（三）低碳产业集群协同创新机制

1. 集群外部协同

集群外部协同创新机制的核心是政产学研协同，涉及主体包括政府、大学及科研院所、金融机构和科技中介机构。产业集群视角下，政府结合区域优势和产业分布制订产业发展战略规划，并通过政策法规驱动产业集群中小企业开展协同创新活动。因此，政府是产业集群视角下中小企业协同创新的战略驱动要素；大学和科研院所为中小企业提供人才、知识和技术支持，科技人员的创业和人才交流等活动是中小企业协同创新的科技驱动要素；银行、风险投资公司、基金管理公司以及保险公司等金融机构为提升资金增值效率，积极与具有成长潜力的中小企业合作，以期获取超额回报，成为中小企业协同创新的资本驱动要素；科技中介机构包括生产力促进中心、科技企业孵化器、科技咨询评估机构、技术市场和产权交易所、科技情报信息机构、专利代理机构、科技招投标机构、专业技术协会和行业协会等，它们为中小企业提供信息咨询、管理、评估、孵化、技术交易、行业监管等服务，各机构在寻求自身发展过程中，成为促进中小企业协同创新的服务驱动要素。政府、大学及科研院所、金融机构和科技中介机构通过政策要素、科技要素、资金要素以及服务要素的协同，驱动中小企业协同创新活动的开展，促进协同创新成果转化。产业集群视角下中小企业外部协同机制如图5-3所示。

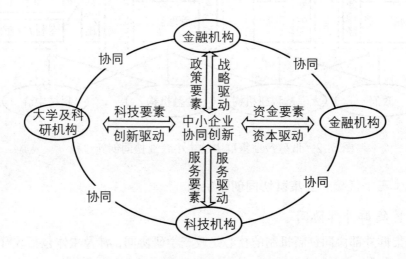

图 5-3　低碳产业集群中的中小企业外部协同过程

2. 集群内部协同

集群内部中小企业协同机制主要由三个层面构成：第一个层面是基于企业内部价值链的协同创新；第二个层面是基于供应链的协同创新；第三个层面是基于产业链的协同创新。其中，内部协同整合是中小企业协同创新的基础；供应链协同是企业内部价值链协同的拓展；多条供应链通过空间耦合形成产业链，进一步将中小企业协同创新范围扩大至产业集群层面。产业集群内部中小企业协同创新三层机制由内而外，环环相扣，与集群外部协同机制交互融合，形成复杂、多维、立体的中小企业协同创新网络。具体分析如下：

（1）基于价值链的中小企业内部协同创新机制。甄晓非[1]指出，当前许多研究忽略了技术创新中的非技术要素，将过多精力集中于技术要素，忽视了公司内部其他因素。从企业管理角度出发，他提出技术、组织与文化协同创新是部门之间高效合作的重要途径。美国哈佛商学院著名战略学家迈克尔·波特[2]在其"价值链理论"中指出，企业内部价值增值活动分为基本活动和支持性活动，基本活动涉及企业生产、销售、进料后勤、发货后勤、售后服务，支持性活动涉及人事、财务、计划、研究与开发、采购等。基本活动和支持性活动分类解析了企业价值创造的来源，中小企业内部组织和部门协同运作是协同创新活动开展与价值创造的基础。基于企业价值链的中小企业协同创新机制如图5-4所示。在基础性活动中，投入性活动、生产性活动和产出性活动为中小企业创新提供生产协同，市场销售和服务活动则提供营销协同。在支持性活动中，企业基础设施从组织架构、规章制度、企业流程、企业文化、控制系统和办公经营场所等方面为中小企业创新提供管理协同，管理协同具体可分为组织协同、制度协同、模式协同、理念协同、方法协同及文化协同等；人力资源为中小企业创新提供人才协同，具体活动包括人员招聘、配置、培训、开发等，其是中小企业创新的根本来源和不竭动力；技术研发活动是中小企业核心能力的体现，技术创新能力的高低反映了中小企业竞争能力强弱，技术创新是中小企业协同创新的主要内容；采购是指为企业提供协同创新所需的各类资源，通过搜索、发现和匹配，将企业资金转化为其他互补性资源。企业通过基础性活动和支持性活动实现利润，利润又以资金形式反哺企业各类价值活动，并为中小企业协同创新提供源源不断的资金支持。

---

[1]　甄晓非. 协同创新模式与管理机制研究 [J]. 科学管理研究，2013，31（1）：21-24.
[2]　MICHAEL E PORTER. Competitive Advantage[M]. New York：Free Press, 1985.

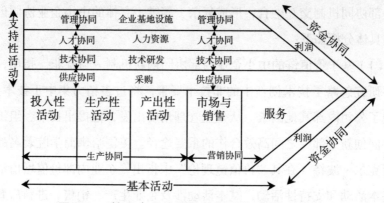

图 5-4 基于企业价值链的集群协同创新机制

（2）基于供应链的中小企业协同创新机制。中小企业内部价值链向外延伸形成供应链协同创新，基于供应链的中小企业协同创新机制如图 5-5 所示。供应链后向延伸是指中小企业是供应链中核心大企业的配套供应商，为大企业提供原材料和零部件。核心大企业直接与顾客接触，达成创新战略，并将相应的零部件创新需求反馈给中小企业，中小企业与大企业协作完成零部件技术创新活动，为供应链产品研发提供技术支持。同时，供应链前向延伸是指供应商和生产商根据创新战略提供配套技术支持，协同中小企业完成其创新计划。在供应链协同创新中，从原材料生产厂商到终端客户，始终伴随着知识／信息、资金及物流的协同。其中，知识／信息为隐性协同要素，对协同创新起关键性促进作用。

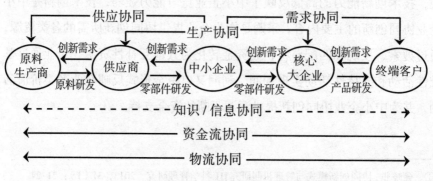

图 5-5 基于供应链的集群协同创新机制

（3）基于产业链的中小企业协同创新机制。多条供应链在时空上的多维度交互融合形成了产业链，而基于产业链的集群协同创新机制除了包括集群内部协同创新和供应链协同创新外，更多地强调供应链间的竞争。对中小企业来说，协同重点是中小企业与竞争对手间的竞争与合作，同时，还包括中小企业与资源互补中小企业的协同创新。在产业集群视角下，依托核心大企业研发平台，中小企业可与核心大企业、竞争企业和资源互补企业进行协同创新。中小企业与竞争对手通过共同投资和知识、技术共享进行合作创新，加快创新速度，减少创新风险。中小企业与资源互补企业，如其他零部件生产企业、物流企业、销售企业等，可以进行资源互补性协同创新活动。为促进产业集群中小企业与其他企业间的协同创新，需要培养信任、合作的协同创新氛围，建立利益共享、风险共担的长效协同机制，充分发挥集群集聚效应和技术扩散效应，促进协同创新系统的不断完善。基于产业链的集群协同创新机制如图5-6所示。

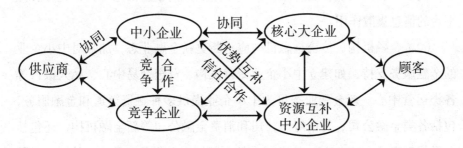

图5-6　基于产业链的集群协同创新机制

资料来源：陈蓉，梁昌勇，叶春森（2016）

二、协同创新网络运行的条件

集群协同创新网络分为外部主体协同层、内部主体协同层和中间隐性协同层；协同创新过程包括创新诊断、创新战略、创新活动和创新产出四个阶段；协同创新网络运行机制包括外部协同机制和内部协同机制两种。

其中，内部协同机制又包括企业价值链、行业供应链和产业链三个层次。为了更好地促进低碳产业集群协同创新体系的运行，需要各主体加强沟通、各司其职、密切配合。具体来说，包括如下几个方面：

（一）外部主体

（1）政府。政府需通过战略性产业规划，依托现有优势产业，充分发挥产业集群集聚和扩散效应，通过建立协同创新平台和社会化服务平台，不断吸引新创企业及外部企业融入集群中，促进协同创新网络的不断完善。政府需依据战略规划进一步建立健全中小企业协同发展法律法规保障体系，提高协同创新主体开放度，促进协调创新活动的充分开展，重点在资金供给、税收、人才流动、平台建设等方面完善法律法规。除此之外，还应在资金供给方面向中小企业倾斜，扩大招商引资，扩大税收优惠的幅度和种类；建立合理的人才流动机制，加强人才引进并鼓励科技人才创业，充分发挥人才价格机制的调节作用；促进共性研发平台的建立，减少平台重复建设和资源浪费；建立统一的中小企业协同创新信息平台，充分发挥平台的信息集散作用。

（2）金融机构。传统金融机构应不断更新金融业态，加强对中小企业的金融服务支持，如建立中小企业专营机构、资金交易中心、私人银行等各类运营中心。新金融业态可为中小企业提供多种融资渠道和金融服务，包括各类金融公司、货币经纪公司和消费金融公司等新金融机构，还包括金融衍生市场、PE、VC、产业基金等创新性金融服务工具。此外，互联网金融的兴起为中小企业融资带来了更广阔的融资平台，大力发展基于互联网的股权众筹融资，将为中小企业协同创新提供新的融资渠道。

（3）大学及科研院所。大学和各类科研机构应不断促进科研人才与中小企业合作创新，进一步开放各类实验室和科研设备，与中小企业合作共建实验室，利用共享平台，培养科技人才，鼓励科研人员创业并为中小企业输送科研人员。

（4）科技中介。协同创新中需要强化科技中介的"牵线搭桥"能力，发挥其中转、"媒婆"的角色和功效。科技中介服务是联系创新各环节之间的关键纽带，是促成协同创新不同主体间相互了解、沟通与合作的重要条件。应以各类开发区、产业园等为组织载体，积极搭建中介服务机构与大企业、高校、科研院所之间的交流平台，建立优秀中介服务机构的政府推荐制度。大力发展知识服务机构，加大对市场化、专业化中介服务机构的培育力度，引进和培养一批熟悉国际规则、具备实务操作能力的高层次技术中介服务人才，积极推进协同创新活动开展及协同创新成果转化。

（二）内部主体

（1）中小企业。中小企业要想成为协同创新主要成员，必须在研发投入上借力，在产学研链条中嵌入，不断提高组织学习能力和创新吸收能力。组织学习是系统观视角下组织可持续性成长的有效途径，通过组织学习可明显提高中小企业与大企业的合作能力，在协同创新中获得更多资源、能力和绩效。中小企业还要通过内部激励、技术开发及生产过程协同实现吸收能力的提升，以匹配组织间的学习与合作，形成基于组织学习和吸收能力的协同创新系统。在信息化社会和知识经济时代，吸收能力是中小企业吸纳知识、开发应用、探索模式的重要能力基础。特别是在当前云计算、大数据主导的信息时代，中小企业协同创新的成功一靠技术，二靠环境，三靠绩效。信息技术有助于提升吸收能力，提高技术研发能力、降低研发成本和不确定性风险。

（2）核心大企业。依据传统专业分工协作理论和核心竞争力理论，核心大企业应将主要精力集中在最擅长的业务上，而将不太重要的业务通过分解，以外包方式交给中小企业去完成，促进产业集群的加速形成，降低因非核心业务带来的企业资源分散化等负面影响。为了提高协同创新效率，核心大企业还应在协同创新过程中，联合原料供应商、零部件供应商以及其他中小企业，不断加强合作，通过前期介入方式联合开发、合作创新，不断推动产业技术升级，实现集群内大中小企业共生共赢。

第六章

低碳产业集群协同创新实证分析：以新兴服务业为例

低碳产业集群通过协同创新，能够极大提高集群的运行效率，降低交易成本，推动区域经济的绿色转型发展。本章以新兴服务业为例，运用博弈论的方法分析低碳产业集群内部各主体协同创新的形成机理。新兴服务业是指伴随着信息技术的发展和知识经济的出现、伴随着社会分工的细化和消费结构的升级而新生的行业，或用现代化的新技术、新业态和新的服务方式改造提升传统服务业而产生的，向社会提供高附加值、满足社会高层次和多元化需求的服务业。包括金融、房地产、文化、旅游、物流、信息、中介、社区、会展等行业。按照低碳产业的定义，新兴服务业都属于低碳产业。

第一节　新兴服务业集群的协同创新机制

在当前我国大力提倡绿色、低碳发展理念的背景下，新兴服务业对我国经济发展具有重大意义。作为我国经济发展的重点行业，新兴服务业产业集群是一定区域内，由相互关联的新兴服务业企业及相关中介机构、大学和科研机构、地方政府等不同性质的组织集聚而形成的具有灵活性和充满创新活力的有机产业体系。作为具有高知识技术含量、高人力资本含量、高附加值等特征的新兴产业，新兴服务业要实现良好快速的发展，必须增强创新能力，而新兴服务业因其产业特性对创新资源的集聚往往具有相对较强的吸引力。新兴服务业产业集群大多是以各类新兴产业园区为载体迅速发展，政府为推动新兴产业发展往往能为集群创造良好的政策、设施等软硬件环境，形成活跃的创新氛围，吸引各类新兴服务业企业、中介机构、风险投资和金融机构入驻。而高校和各类科研机构则是创新的重要源头，其与企业的频繁互动将会给企业创新提供智力支持和人才保障，从而促进产业的整体发展。因此，新兴服务业产业集群如采用协同创新模式，则会取得事半功倍的效果。

新兴服务业产业集群协同创新的主体包括新兴服务业企业、离校与科研机构、中介服务机构和政府等，新兴服务业产业集群协同创新就是在集群内、企业、高校与科研机构、中介服务机构以及政府部口等创新主体以合作各方的共同利益为基础，相互配合、合理分工，发挥各自优势，通过对有限资源的共享和有效配置，协同合作进行创新活动，实现单独个体无法实现的整体协同创新效应的过程。

新兴服务业产业集群协同创新具有以下优势：（1）实现资源共享和优势互补：单个企业所拥有的创新资源是有限的；而协同创新则使具有相互联系的创新主体之间实现资源共享，可以克服单个主体创新资源不足的缺陷，弥补单个主体的劣势，进行优势互补，亦可减少重复投资和资源闲置，提高集群整体资源的利用效率。（2）降低创新成本和创新风险：新兴服务业具有投入高和高风险性的特点，创新活动存在大量的不确定性，随时可能需要加大研发投入，单个企业在创新活动中将担负较大的创新成本，同时将要独自面略较大的风险。而协同创新则为企业寻求与合作伙伴风险共担、降低成本提供了可能，协同创新主体之间的合作可以一定程度上降低创新成本，并有效降低创新活动的技术和市场的不确定性，从而降低创新风险。（3）促进知识溢出、集体学习和创新扩散：新兴服务业具有高知识技术含量的特征，新兴服务业集群创新过程中一个重要特征就是与知识的关联性，体现在知识的共享、传递和溢出，知识溢出影响创新活动的空间分布，创新活动的空间分布影响知识溢出。知识的溢出促进集群创新主体的集体学习，而集群创新又依赖于创新主体的集体学习。集群内企业和高校与科研机构以及中介服务机构等进行协同创新，人才的交流和流动提高了知识扩散的速度，推动了创新的扩散。企业是新兴服务业产业集群创新资源的拥有者和创新利益的主要享有者，不同的企业则拥有不同的创新资源，如果企业之间进行合理的协同创新，则可实现优势互补，从而产生合作共赢的良好局面。而集群内高校与科研研机构则拥有大量的人才、信息和科研成果等创新资源，金业和高校与科研机构之间的互动可以有效提高企业创新能力，并最终提高集群整体的创新能力，实现产业集群的持续发展。政府部口则可以发挥政策支持和协调监督的作用，为新兴服务业集群的协同创新营造宽松的环境。中介服务机构由于其产业特性，可以为新兴服务业集群创新提供用W提高集群协同创新的效率的信息、管理和投资等专业服务。新兴服务业产业集群创新主体之间的关系可以用下图6－1表示。

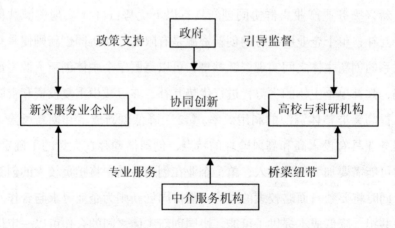

图6-1 集群创新主体关系

培育低碳化的新兴服务业产业集群，其集群企业处于关键位置，新兴服务企业在经营运作与提供服务的过程中可能产生大量的碳排放，因此应从降低碳排放的角度着手实现低碳化集群培育。协同创新的过程就是要合理利用集群主体的创新资源，实现资源优化配置，通过协同创新效应实现低碳服务过程。

第二节 企业间关系博弈分析

新兴服务业集群中的核心服务企业与其上下游企业之间存在紧密联系和共同利益，二者拥有不同的创新资源和实力，如果企业之间进行有效的协同创新，使新兴服务业产业集群朝着低碳化的方向发展，则可以实现 $1 + 1 > 2$ 的协同效应，提高二者经济效益的同时促进产业集群低碳化发展。博弈论广泛应用于研究社会经济活动中人类理性行为的问题，局中人对自己行动的选择以对其他局中人将如何反应的判断为基础，博弈论中的非合作博弈侧重于研究人类理性策略选择行为，决策主体根据自己的期望利益来决定选择策略。集群企业么间协同创新的实现是以满足各自的利益为基础的，企业选择协同创新与否取决于其从协同创新中所取得的利益，于是，产业集群企业协同创新实质上是企业之间的博弈过程，反映了在利益相互影响的情况下集群企业作为理性行为人如何选择最佳策略的问题。因此可以通过建立博弈模型来分析产业集群企业协同创新的内在机理。

一、模型假设

新兴服务业集群企业协同创新博弈模型的基本假设如下：

（1）假设集群中有两个企业 A、B 进行协同创新，两企业对协同创新所投入的资源及成本（以货币计量）的份额分别为 x 和 y，其中 $0 < x < 1$，

$y = 1 - x$，两个企业需对有效的协同创新活动进行的总投资为 V。

（2）假设参与协同创新的企业 A、B 均有两种策略可以选择，分别为合作策略和不合作策略。当 A 和 B 均采取合作策略时，协同创新实现低碳化发展并取得总收益 R，企业 A 和 B 按投资份额相应比例进行收益分配，在此取协同创新的协同效应系数为 θ（$\theta > 1$），并且创新总收益 R 与 θ 正相关，$R = \theta V$。当企业 A、B 中一方合作而另一方不合作时，则认为合作方投入的资源及成本被背叛方获取，因此此后合作行为将不再发生。

（3）假设企业 A 采取合作策略的概率为 P_A，则其采取不合作策略的概率为 $1 - P_A$，设企业 B 采取合作策略的概率为 P_B，则其采取不合作策略的概率为 $1 - P_B$。

（4）由于集群中企业可能进行长期多次合作，故假设存在贴现因子 ε（$0 < \varepsilon < 1$），

ε 表示协同创新参与企业进行合作的一种正反馈激励，合作次数的增多可以提升合作双方默契度，每次合作成功都会在原来的基础上产生一次正的激励 ε，ε 越大，协同创新越有效，将产生更大收益。

二、博弈过程分析

根据以上假设，可以分别计算出企业 A 和 B 采取不同策略的情形下其各自的收益情况：

（1）当企业 A 和 B 均采用合作策略时，则协同创新成功，企业 A、B 分别按其投资份额比例获取收益，则：

$$S_{1A} = p_A p_B x \theta (1+\varepsilon)^{n-1} V - p_A p_B x V = p_A p_B x \left[\theta (1+\varepsilon)^{n-1} - 1 \right] V$$

$$S_{1B} = p_A p_B y \theta (1+\varepsilon)^{n-1} V - p_A p_B y V = p_A p_B y \left[\theta (1+\varepsilon)^{n-1} - 1 \right] V$$

（2）当企业 A 采取合作策略，企业 B 采取不合作策略时，B 作为背叛者获取 A 的投入，而 A 的收益为 0。

$$S_{2A} = 0$$
$$S_{2B} = p_A(1 - p_B)xV$$

（3）当企业 A 采取不合作策略，企业 B 采取合作策略时，A 作为背叛者获取 B 的投入，而 B 的收益为 0：

$$S_{3A} = (1 - p_A)p_B yV$$
$$S_{3B} = 0$$

（4）当 A 和 B 都采取不合作策略时，二者收益均为 0：

$$S_{4A} = 0$$
$$S_{4B} = 0$$

基于此，可以得到该博弈模型的收益矩阵（见表 6 - 1）：

表 6 - 1　模型的收益矩阵

策　略		企业 B	
		合作	不合作
企业 A	合作	($p_A p_B x\left[\theta(1+\varepsilon)^{n-1} - 1\right]V$,　$p_A p_B y\left[\theta(1+\varepsilon)^{n-1} - 1\right]V$)	(0,　$S_{2B} = p_A(1 - p_B)xV$)
	不合作	($S_{3A} = (1 - p_A)p_B yV$,　0)	(0,0)

由于信息的不完全，博弈双方将会采取的策略是不确定的，企业 A 和 B 将会分别对比各自选择不同策略的期望收益来决定选择何种策略。对于企业其期望收益为选择合作策略的期望收益与选择不合作策略的期望收益之差，由收益矩阵可计算出：

$$S_A = \sum_{i=1}^{4} S_{iA}(p_A = 1) - \sum_{i=1}^{4} S_{iA}(p_A = 0)$$
$$= p_B[x\theta(1+\varepsilon)^{n-1} - 1]V \qquad\qquad （6-1）$$

只有当 A 的期望收益 SA ≥ 0 时，A 才会选择协同创新，由上式得，

$$x \geq \frac{1}{\theta(1+\varepsilon)^{n-1}} \tag{6-2}$$

同理可计算出企业 B 的期望收益为：

$$S_B = \sum_{i=1}^{4} S_{iB}(p_B = 1) - \sum_{i=1}^{4} S_{iB}(p_B = 0)$$
$$= p_B[y\theta(1+\varepsilon)^{n-1} - 1]V \tag{6-3}$$

只有当 B 的期望收益 SB ≥ 0 时，B 才会选择协同创新，由上式得，

$$y \geq \frac{1}{\theta(1+\varepsilon)^{n-1}} \tag{6-4}$$

由式（6-2）可知：

（1）当 n 和 ε 一定时，如果 θ 较大，则 x 可以相对较小；如果 θ 较小，则 x 要相对较大。即当创新的协同效应较大（预期的协同创新收益较大）时，企业 A 即使在协同创新过程中支配性（指投入份额以及按投入份额比例获取的利益）较小，也愿意采取合作策略；如果创新的协同效应较小，企业 A 只有在创新过程中支配性较大时才愿意采取合作策略。

（2）当 θ 一定时，如果 n 和 ε 较大，则 x 可以相对较小；如果 n 和 ε 较小，则 x 要相对较大。即合作次数较多后，两企业么间产生信任和默契，企业 A 即使在创新过程中支配性较小也愿意采取合作策略；当合作次数较少，二者没有建立信任，企业 A 只有在创新过程中支配性较大时，才愿意采取合作策略。

由式（6-4）可知，上述两条结论对企业 B 同样适用。

同时考虑式（6-2）和式（6-4）可知，企业 A 和企业 B 同时愿意采取合作策略的条件应该是：

$$\begin{cases} x \geq \dfrac{1}{\theta(1+\varepsilon)^{n-1}} \\[3mm] y \geq \dfrac{1}{\theta(1+\varepsilon)^{n-1}} \\[3mm] x+y=1 \end{cases} \qquad (6-5)$$

令 $C=\dfrac{1}{\theta(1+\varepsilon)^{n-1}}$，在以 x，y 为坐标轴的坐标系中对式（6-5）作图

分析（见图6-2）。

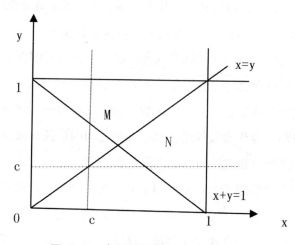

图 6-2　合作创新条件区间图解

由式（6-5）知，在图中线段 MN 间，企业 A 和 B 才会同时选择合作

策略。线段 MN 的长短与 $C=\dfrac{1}{\theta(1+\varepsilon)^{n-1}}$ 有关，C 越小，线段 MN 越长，协

同创新空间越大，可见企业间协同创新的发生与参数 n、θ、ε 有关，n、

θ、ε 越大，C 越小，MN 越长，相应的合作空间越大。此外，只有当 x

= y = 1/2时，企业 A、B 对等投入、对等承担风险和对等分享收益时，双

方才最有可能进行长期或重复协同创新的愿望。

再者，由式（6-1）对 P_B 求偏导可得：

$$\frac{\partial S_A}{\partial P_B} = x\theta(1+\varepsilon)^{n-1}V>0 \qquad (6-6)$$

由偏导数的数学意义知，S_A 会随着 P_B 的增加而增加，即企业 A 的合作意愿会随着企业 B 采取合作策略概率的增大而提高。

三、促进集群中企业协同创新的对策

通过以上分析，可以从以下几个方面着手促进集群企业协同创新：

（1）提高协同效应系数 θ 的值。协同系数越大，博弈方企业的合作意愿越大。可以通过改善协同方式和程度、加强协同创新过程的管理、强调合作各方信息交流与沟通等方式来实现协同效应的提高。

（2）增加合作次数 n。合作次数 n 越大，C 越小，则博弈方更倾向于选择合作策略。合作次数的增多会增加企业间的信任，减少博弈过程中的不确定性，使企业建立长期稳定合作关系。

（3）提高激励因子 ε。激励因子 ε 越大，C 越小，博弈方选择合作策略的可能性更大。可以通过加强合作双方信息交流、建立合作成果公平分配机制、培育良好的合作制度环境、法律环境和文化环境等方面提高激励因子。

（4）改善投入份额 x、y。以上分析得出投入的对等性有利于合作，因此应该努力创造条件，使企业对等投入、对等承担风险、对等分销收益。

（5）提高合作行为的概率 P_A、P_B。P_A、P_B 值直接反映企业选择协同创新的意愿，可以从直接与潜在合作利益、产业的关联程度、资产的互补性、群内合作文化、企业社会诚信等方面促进。另外，要加大对背叛行为的处罚力度。

第三节 企业与院校关系博弈分析

构建新兴服务业低碳产业集群，其主体包括新兴服务企业、高校与科研院所、政府，新兴服务企业是实现产业集群低碳化的关键要素，拥有各种创新资源，同时也是创新和低碳化利益的主要享有者；高校科研院所拥有高素质人才和高水平研究成果等创新软实力，其与企业的合作可以提升企业创新水平，进而使产业集群创新水平得以提高；政府在此过程中起到对低碳理念的推广和对企业碳排放的监督管理以及对企业与高校科研院所么间合作的支持与引导的作用。三者关系如图6-3所示。

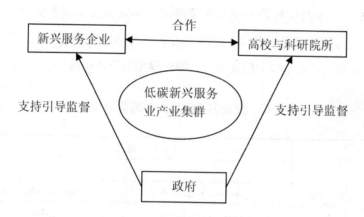

图 6-3 低碳新兴服务业产业集群主体关系

资料来源：王中亮（2015）

一、基本假设

研究协同创新培育低碳新兴服务业产业集群的三个博弈主体分别为新兴服务企业、高校与科研院所（以下简称院校）、政府，基于三者之间关系，提出以下假设：

（1）由于认识能力有限，博弈参与方均是有限理性的。企业和院校在协同创新培育低碳新兴服务业产业集群博弈中分别可以采取合作策略和不合作策略。

（2）企业采取合作策略的概率为 P_1，则采取不合作策略的概率为 $1-P_1$，院校采取合作策略的概率为 P_2，采取不合作策略的概率为 $1-P_2$。

（3）企业单独创新无法实现低碳化发展，企业与院校均选择不合作策略时，二者所得正常收益分别为 r_1 和 r_2。政府对企业经营服务过程进行监管，若发现企业经营服务活动碳排放不满足低碳发展要求，则对其进行处罚。

（4）院校合作、企业不合作时，认为企业违约，协同创新未实现，企业需支付院校违约金 d，院校则需付出成本 c_2，同时获得政府奖励 g_2。企业合作、院校不合作时，院校需支付企业违约金 d，企业付出成本 c_2，同时获得政府奖励 g_1。

（5）企业与院校均采取合作策略时，协同创新实现低碳化，合作双方分别获得额外收益 e_1 和 e_2，同时双方各获得政府奖励 g_1 和 g_2，合作成本分别为 c_1 和 c_2。基于以上假设可得，博弈模型的收益矩阵如表6-2所示：

表6-2　企业方与院校方的博弈收益矩阵

策略		院校	
		合作	不合作
企业	合作	$(r_1+g_1+e_1-c_1,\ r_2+g_2+e_2-c_2)$	$(r_1+g_1-c_1-c+d,\ r_2-d)$
	不合作	$(r_1-c-d,\ r_2+g_2-c_2+d)$	(r_1-c, r_2)

二、模型求解

由表6-2收益矩阵可知，此时企业选择合作策略的期望收益为

$$U_{11} = p_2(r_1 + g_1 + e_1 - c_1) + (1-p_2)(r_1 + g_1 - c_1 - c + d) \qquad （6-7）$$

企业选择不合作策略的期望收益为：

$$U_{12} = p_2(r_1 - c - d) + (1 - p_2)(r_1 - c) \qquad （6-8）$$

企业的平均期望收益为：

$$U_1 = p_1 U_{11} + (1 - p_1)U_{12} \qquad （6-9）$$

由演化博弈相关理论知识，复制动态是描述特定策略在种群中被采用的频数或频度的动态微分方程。企业所选策略的平均收益（适应度）比种群平均收益（平均适应度）高，该策略就会在种群中发展。企业的复制动态方程为

$$
\begin{aligned}
F(p_1) = \frac{dp_1}{dt} &= p_1(U_{11} - U_1) \\
&= p_1(1 - p_1)(U_{11} - U_{12}) \\
&= p_1(1 - p_1)[(g_1 - c_1 + d) + p_2(e_1 + c)] \qquad （6-10）
\end{aligned}
$$

同理可求得院校方演化博弈复制动态方程为

$$
\begin{aligned}
F(p_2) = \frac{dp_2}{dt} &= p_2(U_{21} - U_1) \\
&= p_2(1 - p_2)(U_{21} - U_{22}) \\
&= p_2(1 - p_2)[(g_2 - c_2 + d) + p_1 e_2] \qquad （6-11）
\end{aligned}
$$

分别对以上方程求导可得

$$F'(p_1) = (1 - 2p_1)\big[(g_1 - c_1 + d) + p_2(e_1 + c)\big] \qquad （6-12）$$

$$F'(p_2) = (1 - 2p_2)\big[(g_2 - c_2 + d) + p_1 e_2\big] \qquad （6-13）$$

令 $dF(p_1) = 0$，$dF(p_2) = 0$ 得出此博弈模型的平衡点如下

$E_1（0,0）$，$E_2（1,0）$，$E_3（0,1）$，$E_4（1,1）$，

$$E_5\left(\frac{c_1-g_1-d}{e_1+c}, \frac{c_2-g_2-d}{e_2}\right)$$

下面对企业方和院校方的策略演化稳定性进行分析。

对于企业方，

（1）当 $p_2=\dfrac{c_1-g_1-d}{e_1+c}$ 时，$F(p_1)$ 恒等于0，此时对所有的 p_1 都是稳定状态。

（2）当 $c_1-g_1-d>0$ 且 $\dfrac{c_1-g_1-d}{e_1+c}\leq 1$ 时，如果 $p_2>\dfrac{c_1-g_1-d}{e_1+c}$，则 $F（p_1）>0$、$F'（p_1=1）<0$，于是 $p_1^*=1$ 为稳定演化策略；

如果 $p_2<\dfrac{c_1-g_1-d}{e_1+c}$，则 $F（p_1）<0$、$F'（p_1=0）<0$，于是 $p_1^*=1$ 为演化稳定状态。

（3）当 $c_1-g_1-d>0$ 且 $\dfrac{c_1-g_1-d}{e_1+c}>1$ 时，总有 $F（p_1）>0$、$F'（p_1=0）<0$，于是 $p_1^*=1$ 为演化稳定策略。

（4）当 $c_1-g_1-d<0$，即 $\dfrac{c_2-g_2-d}{e_2}<0$，总有 $F（p_1）>0$、$F'（p_1=0）<0$，于是　　　　 为演化稳定策略。

对于院校方，

（1）当 p_1　$\dfrac{c_2-g_2-d}{e_2}$ 时，$F（p_2）$ 恒等于0，意味着对所有 p_2 都是稳定状态。

（2）当 $c_2-g_2-d>0$ 且 $\dfrac{c_2-g_2-d}{e_2}\leq 1$ 时，如果 $p_1>\dfrac{c_2-g_2-d}{e_2}$，则 $F（p_2）>0$ 且 $F'（p_2=1）<0$，于是 $p_2^*=1$ 为稳定演化策略；

如果 $p_1 < \dfrac{c_2 - g_2 - d}{e_2}$，则 $F(p_2) < 0$、$F'(p_{2}=0) < 0$，于是 $p_2^* = 0$ 为演化稳定状态。

（3）当 $c_2-g_2-d > 0$ 且 $\dfrac{c_2 - g_2 - d}{e_2} > 1$ 时，总有 $F'(p_2) < 0$、$F(p_2=0) < 0$，于是 $p_2^* = 0$ 为演化稳定策略。

（4）当 $c_2-g_2-d < 0$，即 $\dfrac{c_2 - g_2 - d}{e_2} < 0$，总有 $F'(p_2) > 0$、$F(p_2=1) < 0$，于是 $p_2^* = 1$ 为演化稳定策略。

三、结果分析

新兴服务业企业与院校之间的演化博弈复制动态和稳定性变化可以表示为图6-4。

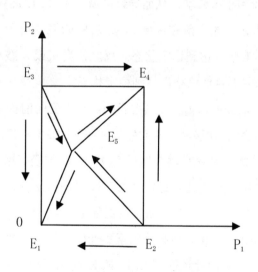

图6-4 博弈演化稳定性图解

该博弈模型中，共有两个稳定点 E1 和 E4，对应的策略组合分别是（不合作，不合作）和（合作，合作）。同时，该博弈系统存在两个不稳定点

$E_2.E_3$，另有一个鞍点 E5。其中鞍点是演化稳定结果改变的阈值，当初始状态在 E1 E2 E5 E3 区域内时，系统将向 E_1 收敛；当初始状态在 E_2 E_3 E_4 E_5 区域内时，系统将向 E4 收敛。

考虑参数对博弈系统稳定性变化的影响：

（1）企业方和院校方采取合作策略的合作成本 c_1 和 c_2。在其他影响因素不变的前提下，当 c_1 或 c_2 增大时，E_5 的坐标会向 E_4 移动，从而导致区域 E_1 E_2 E_5 E_3 面积增大，区域 E_2 E_3 E_4 E_5 面积减小，初始点落在区域 E_1 E_2 E_5 E_3 的概率增大，于是博弈双方倾向于采用不合作策略以达到稳定状态。反之，当 c_1 或 c_2 减小时，最终演化结果是双方均采取合作策略以达到稳定状态。实际情况下，如果协同创新过程中任一方认为投入成本太大则合作积极性就不高，最终导致不合作结局。

（2）协同创新额外收益 e_1 和 e_2。在其他影响因素不变的前提下，当 e_1 或 e_2 增大时，

E_5 的坐标会向 E_1 移动，从而导致区域 E_1 E_2 E_5 E_3 面积减小，区域 E_2 E_3 E_4 E_5 面积增大，初始点落在区域 E_2 E_3 E_4 E_5 的概率增大，于是博弈双方倾向于采用合作策略以达到稳定状态。反之，当 e_1 或 e_2 减小时，最终演化结果是双方均采取不合作策略以达到稳定状态。

（3）政府奖励 g_1 和 g_2。在其他影响因素不变的前提下，当 g_1 或 g_2 增大时，E_5 的坐标会向 E1 移动，从而导致区域 E1 E2 E5 E3 面积减小，区域 E_2 E_3 E_4 E_5 面积增大，初始点落在区域 E_2 E_3 E_4 E_5 的概率增大，于是博弈双方倾向于采用合作策略以达到稳定状态。反之，当 g_1 或 g_2 减小时，最终演化结果是双方均采取不合作策略以达到稳定状态。

（4）违约金 d。在其他影响因素不变的前提下，当 d 增大时，E_5 的坐标会向 E_1 移动，从而导致区域 E_1 E_2 E_5 E_3 面积减小，区域 E_2 E_3 E_4 E_5 面积增大，初始点落在区域 E_2 E_3 E_4 E_5 的概率增大，博弈双方因惧怕支付较多的违约金而倾向于采用合作策略以达到稳定状态。反么，当 d 减小时，最终演化结果是双方均采取不合作策略以达到稳定状态。

（5）企业未实现低碳发展所受处罚 c。在其他影响因素不变的前提下，当 c 增大时，E5 的坐标会向 E1 移动，从而导致区域 $E_1 E_2 E_5 E_3$ 面积减小，区域 $E_2 E_3 E_4 E_5$ 面积增大，初始点落在区域 $E_2 E_3 E_4 E_5$ 的概率增大，于是博弈双方倾向于采用合作策略以达到稳定状态。反之，当 c 减小时，最终演化结果是双方均采取不合作策略以达到稳定状态。

第四节　企业与政府关系的博弈分析

在构建低碳新兴服务业产业集群机制中，企业作为服务的提供者，其发展策略选择对整个集群的低碳化发展至关重要，如果企业选择为客户提供低碳服务，无疑对集群化碳化发展具有积极的促进作用，但是企业将为此付出更大的成本，可能会损失一些短期利益，但是从长远角度看，低碳经济的发展将带动低碳消费理念的提升，届时消费者将更倾向于低碳消费，低碳服务也将给企业带来长远的强劲的收益。若企业一味追求短期利益，服务生产和提供过程中不注重低碳，虽节约成本，但此种做法已不符合气候变化背景下经济低碳化发展以及经济、环境、社会协调发展的趋势与潮流，而企业也将逐渐失去市场竞争优势，甚至于为市场所淘汰。

从政府角度看，政府对低碳发展的重视程度将直接影响低碳产业集群的构建。如果政府部门不重视低碳发展，对企业生产和服务过程不进行严格监管．那么企业在生产和服务过程中的能源消耗和碳排放超标等问题则不会被发现，企业为节省生产成本将持续提供非低碳服务，对生态环境造成破坏，政府部门也将因此受到诟病，其声誉和形象必然受损，基于此，政府应该积极介入服务企业的生产和服务过程，对其进行监管，以获取更好的社会效益。如果政府部门重视低碳发展，对企业生产和服务过程进行严格监管，企业碳排放超标问题将被发现，政府可以对企业采取一定的处罚措施，同时由于监管需要人力物力财力等资源，政府部门将为此付出监管成本。

企业和政府作为理性的经济人，都以利益最大化为自己的追求目标，政府兼顾社会福利和自身的声誉与良好形象，企业则追求最大化的利润所得，二者之间的博弈可做以下假设：

（1）企业的策略选择包括提供低碳服务和非低碳服务，企业选择低碳服务的概率为 p_e，选择非低碳服务的概率则为 $1 - p_e$；政府的策略选择包括严格监管和不严格监管，政府严格监管的概率为 p_g，不严格监管的概率为 $1 - p_g$。

（2）企业为客户提供低碳服务时，将力图使生产和服务过程中能源消耗和碳排放达到最低标准，由此其总成本为 C_{e1}，提供低碳服务时取得的总收益为 U_{e1}；企业为客户提供非低碳服务时，将不关注生产和服务过程中的能源消耗和碳排放问题，由此其总成本为 C_{e2}，提供非低碳服务时的总收益为 U_{e2}，此时若政府严格监管发现企业非低碳服务问题，则企业将会受到处罚。

（3）政府的原始收益为 U_g，政府进行严格监管时，所付出的监管成本为 C_g，此时若企业采取非低碳服务，则政府取得罚款 D。

基于以上对企业和政府博弈过程的假设，可以计算出企业和政府两方的博弈收益矩阵如表6-3所示。

表6-3 企业与政府博弈收益矩阵

		政府	
		严格监管	不严格监管
企业	低碳服务	$(U_{e1}-C_{e1}, U_g-C_g)$	$(U_{e1}-C_{e1}, U_g)$
	非低碳服务	$(U_{e2}-C_e2-D, U_g-C_g+D)$	$(U_{e2}-C_{e2}, U_g)$

下面根据博弈收益矩阵对企业和政府的策略选择进行分析。对企业而言，提供低碳服务时的期望收益为：

$$E_{e1} = p_g(U_{e1} - C_{e1}) + (1 - p_g)(U_{e1} - C_{e1}) \qquad （6-14）$$

提供非低碳服务时的期望收益为：

$$E_{e2} = p_g(U_{e2} - C_{e2} - D) + (1 - p_g)(U_{e2} - C_{e2}) \qquad （6-15）$$

要使企业采取低碳服务策略优于非低碳服务策略，则要求企业提供低碳服务的收益优于提供非低碳服务的收益，则 $E_{e1} > E_{e2}$，那么

$$U_{e1} - C_{e1} > p_g(U_{e2} - C_{e2} - D) + (1 - p_g)(U_{e2} - C_{e2}) \qquad （6-16）$$

解得 $p_g > \dfrac{(U_{e2} - C_{e2}) - (U_{e1} - C_{e1})}{D} = p_g^*$

由此得到政府采取严格监管策略概率的临界值

$$p_g^* = \frac{(U_{e2} - C_{e2}) - (U_{e1} - C_{e1})}{D}$$

因为 $0 < p_g^* < 1$，故 $0 < (U_{e2} - C_{e2}) - (U_{e1} - C_{e1}) < D$，该式表示只有当企业提供非低碳服务的利润大于提供低碳服务的利润同时非低碳服务与低碳服务的利润差小于企业因提供非低碳服务所受处罚时，政府才会采取严格监管措施。实际上，当企业提供低碳服务的利润大于提供非低碳服务的利润时，企业将自觉对生产服务过程进行低碳优化，政府部门并不需要对企业进行严格监管；若政府处罚过轻，低于企业采取非低碳服务策略与低碳服务策略的利润差，则企业并不在意这种处罚而继续采取非低碳策略。

由 $p_g^* = \dfrac{(U_{e2} - C_{e2}) - (U_{e1} - C_{e1})}{D}$，政府采取严格监管的概率大小受企业采取非低碳服务策略与低碳服务策略的利润差及政府所得罚款的影响。若企业的该利润差 $(U_{e2} - C_{e2}) - (U_{e1} - C_{e1})$ 增大，企业采取严格监管的概率增大，这是因为企业受利润驱使将更倾向于提供非低碳服务，此时

政府要采取严格监管措施W维护社会福利和自身声誉；若政府所得罚款D增大，政府采取严格监管的策略反而减小，这是因为较大力度的处罚对企业来说具有震慑作用，企业因惧怕付出大额罚款而改良生产服务过程以实现服务低碳化供给，政府因此不需严格监管便可得到相应收益，故而监管积极性降低。对政府而言，对企业生产服务过程进行严格监管的期望综合收益为：

$$E_{g1} = p_g(U_g - C_g) + (1 - p_e)(U_g - C_g + D) \qquad （6-17）$$

采取不严格监管选择的期望综合收益为：

$$E_{g2} = U_g \qquad （6-18）$$

要使政府采取严格监管的策略优于不严格监管的策略，则要求政府采取严格监管的收益优于采取不严格监管的收益，则 $E_{g1} > E_{g2}$，那么

$$p_e(U_g - C_g) + (1 - p_e)(U_g - C_g + D) > U_g \qquad （6-19）$$

解得 $p_e < \dfrac{D - C_g}{D} = p_e^*$

由此得到企业采取低碳服务策略的概率临界值

$$p_e^* = \frac{D - C_g}{D}$$

显然 $0 < p_e^* < 1$，企业采取低碳服务的概率大小受因采取非低碳服务策略所受处罚D以及政府的严格监管成本 C g 的影响。当处罚金额增大时，企业采取低碳服务策略的概率变大，这是因为企业追求纯经济收益而不注重低碳发展而获得的额外利润不足以弥补巨额罚款，因此企业将主动优化生产经营服务过程，紧跟低碳经济潮流进行低碳化发展；当政府采取严格监管措施的成本 C_g 增大时，企业采取低碳服务策略的概率变小，这是因为

监管成本越高，政麻对企业的监管力度减弱，企业将不自觉地采取非低碳服务策略。

第五节 本章小结

本章在分析新兴服务业集群企业、政府、高校与科研院所关系的基础上，探索了新兴服务业产业集群主体协同创新的机制，首先运用非合作博弈方法对企业间协同创新进行了分析，企业间协同创新主要受协同效应系数 θ、合作次数 n、激励因子 ε、投入份额 x、y，合作行为的概率 p_A、p_B 等参数的影响，结论显示：可以通过改善协同创新方式、加强合作方信息交流等途径提高协同效应系数；增加协同创新合作次数；通过建立良好的协同创新机制和环境提高激励因子；改善投入份额比例；提高企业协同创新意愿等，从而促进企业间协同创新。

其次运用演化博弈论的方法，对集群企业与院校主体在培育低碳新兴服务业集群中所采取的策略进行了研究，并对企业与院校在协同创新中的博弈模型参数进行了分析，结果显示：（1）增大协同创新额外收益 e_1 和 e_2、政府奖励 g_1 和 g_2、违约金 d 将使协同创新双方更加倾向于采取合作策略促成协同创新的实现，有利于培育低碳新兴服务业产业集群；（2）增大企业未实现低碳发展所受处罚 c 将使博弈系统稳定性趋向双方均采取合作策略，从而实现协同创新的成功；（3）企业方和院校方采取合作策略的合作成本 c_1 和 c_2 若增大，则促使协同创新双方降低合作积极性，从而无法实现协同创新。最后对集群企业和政府之间关系进行了剖析，建立企业与政府关于低碳发展的博弈模型，对企业的低碳服务策略、非低碳服务策略以及政府的严格监管策略、不严格监管策略收益进行了分析，并对参数变化对企业和政府策略选择的影响进行了探讨。

第七章

我国低碳产业集群的发展策略

第一节 新常态下我国低碳产业集群的发展模式

我国经济步入增速换挡、结构调整及前期刺激消化"三期叠加"的新常态[1]，这既是由经济发展的客观规律所决定，又是加快经济发展方式转变的自觉选择，同时也是化解多年积累的深层次矛盾的必经阶段。从经济发展基调看，经济增长将由注重数量向注重质量转变；从经济发展条件看，由于承载能力限制，能源和生态环境将由促进条件向约束条件转变；从经济发展驱动力来看，将由以成本优势为基础的要素、投资驱动向以技术进步为基础的创新驱动转变[2]；从经济发展方式看，由高消耗、高污染、高排放的粗放式增长向低消耗、低污染、低排放的集约式增长转变；从经济发展目标看，将由追求经济增长速度向追求经济社会可持续发展转变。低碳产业具有低能耗、低排放、低污染，高技术、高附加值、高产业关联等特点，促进其发展符合调整经济结构、转变发展方式和追求可持续发展的要求，而新常态下创新能力和市场作用的提升，会促进低碳技术进步和提高资源配置效率，进而推动产业集群低碳发展。

理论上，"'气候'是人类共有的环境要素，具有公共品非排他性和非

---

① 郑嘉伟. 新常态下中国宏观经济形式分析与展望 [J]. 当代经济管理, 2015, 37 (5)：39-44.
② 金碚. 中国经济发展新常态研究 [J]. 中国工业经济, 2015 (1)：5-18.

竞争性的特点"。针对企业碳排放而言，"碳排放空间已被视为一种生产要素或者说稀缺资源"[1]。同时，企业向大气中排放 CO_2 等温室气体的社会边际成本大于私人边际成本，即温室气体的排放存在负外部性。由于排放空间具有公共品的属性，而排放过程会产生负外部性，仅依靠市场调节，无法解决由于碳排放对经济和生态环境造成的负面影响。因此，需要政府发挥作用，通过政策引导生产要素向低碳产业集群流动，促进低碳产业集群发展。

一、新常态下我国低碳产业集群的发展机遇

（一）产业结构升级提供政策机遇

新常态下，产业结构升级是在全球价值链向中高端迈进的必然出路，是从依靠要素驱动转为依靠技术进步和创新驱动的实质途径，是从高耗能、高污染、高排放转向低耗能、低污染、低排放的内在要求[2]。为了促进产业结构调整升级，国家各项政策措施的力度将更大、针对性会更强。如通过财税政策对节能环保型、创新服务型、高新技术型企业实施结构性减税或支持性财政补贴；通过创新金融服务便利符合条件企业的融资；通过知识产权保护体系构建和创新人才队伍建设，保护创新积极性和保障创新人力资源等。由于具有低能耗、低排放、低污染，以及高技术、高附加值、高产业关联等特征，发展低碳产业集群符合国家产业结构调整战略，能够极大地促进产业结构升级。此外，在新常态时期，保障能源安全和应对气候变化仍是重要和亟待解决的课题，国家采取政策措施促进低碳产业集群发展是必然和必要的选择，因此在新常态下低碳产业集群将获得更多的政策机遇。

---

① 刘婷，刘菲菲，吴冷寒. 高碳产业低碳化路径研究综述 [J]. 北方经济，2013，（9）：45-46.

② 陈宇，佟林. 我国产业升级的财税政策取向 [J]. 税务研究，2015，（4）：22-26.

（二）配置资源主体转变提供市场机遇

当前，低碳产业集群发展以政府主导为主，推动了产业形成和初步发展，但随着新常态时期经济环境变化，弊端也随之显现。从供给角度，由于缺乏相对稳定的盈利模式，企业进入低碳产业集群的主动性不足，要素流入对依赖行政干预，市场难以发挥作用，资源配置的效率较低；从需求角度，政策性低碳需求，即由限制性、鼓励性和引导性的政策引发对低碳技术、低碳产品和服务的需求是主要组成部分，市场虽发挥一定作用，但是由于产业布局具有空间和门类限制，消费需求形成相对迟缓，不利于低碳产业集群可持续发展。受气候、环境变化影响，消费者的低碳消费意识逐渐增强，对低碳产品和服务的需求不断增加，也需要市场发挥更大的作用。新常态下，市场在资源配置中发挥决定性作用，价格机制、供求机制、竞争机制能够充分发挥作用，激发低碳企业活力，同时挖掘消费者的低碳需求潜力。因此，新常态下，政府和市场资源配置地位的转变，为低碳产业集群提供了市场机遇。

（三）创新能力提升提供技术机遇

新常态下，随着制度环境、市场环境的不断改善，支持性、引导性政策的不断实施，资本、人力等资源配置效率的不断提升，我国创新能力不断提高，这将推动低碳技术的进步，促进低碳产业集群的发展。自我国提出实施创新驱动发展战略以来，国家不断加大创新投入力度，创新体系不断完善，总体创新能力显著提升[1]。根据《2015 年全球创新指数报告》，我国在全球创新指数（Global Innovation Index，GII）、创新效率指数（Innovation Efficiency R atio，IE R）、创新投入分指数 Innovation nput Sub — Index，ISI）、创新产出分指数（Innovation Output Sub — Index，OSI）等四项综合评价指标分别排名第二十九位、第六位、第四十一位和第二十一位，其中 GII、IE R、OSI 三个指数在中高收入（Upper — middle Income，

---

[1] 魏江等. 创新驱动发展的总体格局、现实困境与政策走向［J］. 中国软科学，2015（5）：21-30.

UM）经济体中皆排名首位，创新投入分指数也排在第二位[①]，创新能力逐渐显现，为低碳技术开发和进步奠定基础。随着《中共中央国务院关于深化体制机制改革加快实施创新驱动发展战略的若干意见》的颁布实施，创新的制度环境、市场环境将更加完善，资本、人力等资源将更加充裕，新一轮的技术创新浪潮将推动低碳技术进步，增强低碳产业集群发展的技术驱动力。

（四）制度环境改善提供企业激活机遇

新常态下，我国经济发展的制度环境将不断改善，为激发企业活力营造条件，主要包括以下方面：一是完善法律法规体系；二是理顺政府和市场关系；三是完善金融服务企业体系；四是建立更加完善的人才体系；五是建立以企业为主体的创新制度。首先，法律法规逐渐完善，为市场配置资源提供制度保证，减少低碳企业经营中由行政干预产生的不确定性和可能的寻租成本；其次，理顺政府和市场关系，提高资源配置效率，同时促进政府按经济规律发挥作用，为低碳企业营造良好的市场环境；第三，通过搭建融资平台、丰富融资方式、拓宽融资渠道、创新融资工具等手段完善金融服务企业的体系，为低碳企业提供充足资本条件；第四，通过培养人才、引进人才、激活人才等政策措施完善人才体系，可为低碳企业发展提供人力资源保障；第五，确立以需求为导向，以企业为主体的创新制度，可激发科技创新人才的积极性和潜能，为低碳企业发展注入创新动力。

综上所述，在新常态时期，低碳产业集群将迎来政策、市场、技术与企业活力释放等多方面的发展机遇。但新常态时期发展低碳产业集群也需要主动适应内外部环境变化，尤其是在发展模式上应综合考虑各种条件审慎做出选择。

---

① 　Cornell University，INSEAD，WIPO. The Global Innovation Index 2015：Effective Innovation Policies for Development［ED / OL］. https：//www. globalinnovationindex. org / content / page / gii- full -repor-2015.

二、新常态下我国低碳产业集群的发展模式

（一）低碳产业集群的现行发展模式

理论上，关于我国低碳产业集群发展模式的研究主要包括两方面：一是产业链低碳化发展模式。产业链低碳化是以产业链整体为对象，在产品设计研发、原料供给、生产制造、包装运输、售后服务等生产的各个环节降低排放、污染、消耗强度，提升生产效率和对环境友好程度。产业链低碳化的发展模式中，低碳消费构成拉动力，政策作为推动力，共同促进低碳产业集群发展。二是产业集群低碳化发展模式[①]。

表 7–1　我国现有低碳产业集群园区发展模式

模式名称	模式特点	规划及措施	示范园区
生态城模式	全新规划建设，以低碳规划和低碳生态指标体系引导园区的低碳化发展	编制园区发展规划，制定生态城指标体系、低碳生态产业体系、绿色建筑、低碳交通、低碳消费	中新天津生态城、苏州工业园
工业园区优化模式	传统综合型产业园区的低碳化改造，以产业的转型升级为核心推动园区的低碳发展	落后产能退出机制、低碳招商、低碳建筑、低碳交通、低碳理念宣传、低碳国际合作	天津经济技术开发区、北京经济技术开发区、上海漕河泾开发区、广州开发区
高碳产业集群低碳化模式	全新规划建设，以能源梯级综合利用为核心实现高碳产业的低碳化	低碳技术引进和利用、能源利用的多联产高效率、产业链延伸	天津南港工业区、宁东能源化工基地
新能源产业集聚模式	打造新能源产业集群，实现低碳产业集聚式发展	风电、光电、高效节能等新能源产业集群	保定国家高新技术产业开发区、德州"我国太阳谷"
低碳服务业集聚模式	全新规划建设，以低碳建筑为核心实现低碳办公与低碳生活	编制建筑设计及施工指南、"三联供"分布式能源体系、绿色建筑、绿色交通体系	天津滨海于家堡金融区、上海虹桥商务区

低碳产业集群集群是指通过技术创新和制度创新，实现清洁能源结构和高能源效率的产业集群，可通过传统制造业集群改造、工业园区综合优化、生产性服务业集群升级、新能源新材料产业定位等多种措施促进低碳

[①]　胡启兵. 低碳产业集聚发展研究［J］. 企业经济，2012（12）：24-27.

产业集群的形成和发展[①]。实践上，我国低碳产业集群模式为政府主导的产业集群低碳化。具体而言，低碳产业集群园区建设是低碳产业集群发展的主要推动模式。现行的低碳产业集群园区主要有生态城模式、工业园区优化模式、高碳产业集群化模式、新能源产业集聚模式、低碳服务业集聚模式等，见表7-1。

以低碳产业园区建设为中心的产业集群发展模式推动了我国低碳产业的形成和初步发展，但是由于产业园区建设的政府主导性，该模式也存在以下问题：①产业园区建设的行政干预程度高，市场配置资源作用受限；②低碳产业集群园区中企业对支持性政策依赖度高，可持续经营能力缺乏；③消费者的参与度低，产业发展的最终驱动力不足。在新常态时期，随着政府的行政干预和政策支持逐步退出，上述问题将被放大。因此，发展低碳产业集群需要适应新常态，适当改变政府主导模式。

（二）新常态下低碳产业集群的发展模式

新常态时期，政府和市场在经济活动中的作用和地位发生变化，政府的行政干预逐渐减少，市场的作用不断增强。其中，政府的作用主要集中在制度建设、市场培育、完善竞争环境和提供公共服务等方面；市场在资源配置中发挥决定性作用，通过价格机制调节供给和需求，激发企业活力的同时，也能更好地满足消费者多样性的需求。因此，在低碳产业集群发展模式的选择上不仅要考虑政府作用，还应充分发挥市场的作用，调动企业的积极性，并提高消费者参与度。综合以上因素，低碳产业集群应选择"政府＋市场＋企业＋消费者"的"四位一体"发展模式，这四者各自发挥作用，又紧密联系、相互影响，见图7-1。首先，政府制定低碳产业集群发展战略，并构建法律体系等相关制度保证战略的可操作性，同时通过政策和舆论引导低碳生产、低碳生活理念的形成，开拓市场需求；其次，市场作为资源配置的主要主体，通过价格调节和竞争机制，促进资源有效率地流入低碳产业集群；企业在政府、市场以及自身条件的影响下，既是

---

① 冯奎. 中国发展低碳产业集群的战略思考［J］. 对外经贸实务，2009（10）：9-12.

低碳产品、服务、技术的供给主体，同时由于低碳化生产的需要，也是低碳需求的重要组成；第三，消费者作为低碳产品和服务的最终消费主体，是低碳产业集群良性循环的最终动力。

政府的引导作用："四位一体"模式下，政府不再主导低碳产业集群，但是其引导作用仍是低碳产业集群发展的重要保障。从成本—收益角度看，企业进入低碳产业集群的成本高，而收益提高并不明显。在能源部门，开发低碳能源需要大量设备和技术投资，而能源价格并不随之增长；在传统产业低碳化中，企业利用低碳技术减少排放是额外增加的成本，尤其是低利润率的传统制造业，低碳化生产可能造成短期经营困境；在技术开发部门，研发成本高、周期长、风险大，企业缺乏自主研发动力。在此条件下，结合各国经验，政府应主要在两个方面发挥作用：一是做好战略层次的规划，即分阶段性确定发展目标、制定低碳产业集群发展计划、出台低碳产业集群政策。二是构建低碳产业集群发展的制度系统，即构建低碳法律体系，形成制度框架；完善低碳科技管理体制，促进低碳技术的创新及应用；建立健全低碳财税制度，开拓政策性的低碳市场需求和供给；培育低碳价格体系，促进和提高市场配置资源作用的发挥。

市场的资源配置作用：新常态下，市场配置资源能力提高，对低碳产业集群的促进作用主要表现在三个方面：一是在政府推动下的政策性需求产生后，派生市场性需求；二是通过竞争机制，引导生产要素有效流入低碳产业集群部门，促进低碳供给的形成；三是通过价格机制，有效调节低碳产品、服务、技术的供给和需求。需要注意的是，低碳产业集群以改变传统能源结构、生产方式、消费方式为主要内容，在发展的初期阶段有诸多因素限制市场效率，如资源的非自由流动、价格形成非完全市场化、技术壁垒较高等。因此，政府需要采取支持性政策，开拓和培育消费市场、建立和稳定价格体系、鼓励和支持低碳技术开发，为生产低碳产品、服务和技术提供盈利保障，调动企业的积极性，激发市场活力。在低碳市场能自主发挥作用时，政策应及时退出，保证市场资源配置作用有效发挥，促进低碳产业集群的良性发展。

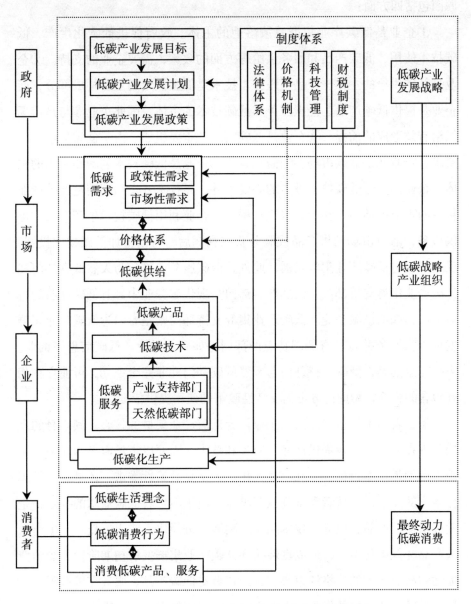

图 7-1　新常态下的低碳产业集群发展模式选择

资料来源：孙小明（2016）

企业的核心地位：企业在"四位一体"的发展模式中居于核心地位，原因包括四方面：

①企业是低碳产业集群政策落地的主体。政府促进低碳化生产、低碳技术使用、低碳产品和服务供给等方面的政策，需要企业的支持。②企业是低碳供给的主体。产品、服务、技术是低碳供给的主要构成部分，而企业是提供低碳产品、低碳服务和低碳技术的主体，因此企业参与是市场供给有效形成的前提。③企业是低碳需求的重要组成。由于低碳化生产的要求，企业又是低碳市场上的需求者。④企业是低碳技术创新和利用的主体。企业创新是低碳技术进步的必要条件，而技术开发和利用是低碳产业集群的重要推动力。在产业组织过程中，企业利用低碳技术生产产品和提供服务，通过市场销售产品或服务获取利润后，可以增加低碳技术投资，反过来促进低碳产业集群发展。此外，低碳服务业可分为天然低碳部门和低碳产业集群支持部门。天然低碳部门是现代服务业中具有低碳性质的行业部门，如信息服务业。低碳产业集群支持部门则是专门为低碳产业集群发展提供服务并且具有低碳特点的部门，如碳金融业、低碳信息咨询业。需要注意的是，低碳支持部门与天然低碳部门并非完全独立，可能存在相互包含的关系，做此区分可为支持性政策的使用提供依据。

消费者需求是最终动力：企业作为低碳产业集群的核心，其本身的发展是内在要求。企业提供产品、服务和技术，需要以市场需求为保障，实现生产的最根本目标——利润最大化。无论是政策性需求，还是企业低碳化生产的需求，消费者需求都是落脚点。由于消费者低碳需求的存在，企业提供低碳产品、服务、技术能获取利润，进而研发或引进技术、生产低碳产品并低碳化生产，形成良性循环低碳产业集群发展初期阶段，受消费惯性和高成本下的价格约束影响，消费者对低碳产品、服务需求有限，限制了低碳产业集群的发展，需要政府采取措施拓展消费者需求，主要从两方面着手：一是通过教育、舆论等手段宣传低碳生活、低碳消费的理念；二是对消费低碳产品、服务给予价格补贴或奖励措施。此外，低碳生活理念，低碳消费行为，消费低碳产品和服务三者间是相互联系、相互促进的关系。

由于低碳产业集群的属性和特点，新常态时期迎来了发展机遇期，而促进低碳产业集群发展也是助推经济驱动力和发展方式转变的重要手段。同时，由于新常态时期经济的新特点，对低碳产业集群发展模式提出了新的要求。在新常态时期，发展低碳产业集群应由政府主导模式转变为政府、市场、企业、消费者共同推动的"四位一体"模式。作为低碳产业集群发展模式中的主体，政府、市场、企业、消费者之间既紧密联系，又各自发挥不同的作用：政府通过制定产业战略、完善制度基础、培育低碳市场等方式，引导和促进低碳产业集群的发展；市场以价格体系为基础，调节低碳供给和需求，发挥其资源配置的作用；企业生产低碳产品、提供低碳服务以及开发低碳技术，处于低碳产业集群发展的核心地位；消费者作为需求的最终构成，是低碳产业集群发展的归宿。可以说，经济新常态为低碳产业集群提供发展机遇，低碳产业集群的发展也将为我国经济注入活力。

第二节 枣庄锂电产业集群协同创新案例分析

产业集群是区域经济发展的基本组织形式，是区域竞争力的核心，产业集群升级对于形成区域可持续的竞争优势具有十分重要意义。本书构建了创新驱动体系框架并将其应用于低碳产业集群转型发展过程，分析了在一定创新环境中，通过创新主体的协同和创新机制的联动实现创新资源要素优化配置，提升低碳产业集群创新驱动功能并实现转型发展的过程，将低碳产业集群转型发展机理发展为创新驱动发展模式下的集群网络治理和嵌入全球价值链，为低碳产业集群转型发展机理研究提供了新的视角，为制定低碳产业集群发展战略提供了理论指导。

将规范分析与实证分析相结合，将理论成果与实际案例相联系，一方面可以发挥理论对实践的指导作用，另一方面也可以对理论研究成果进行检验和发展。本章以枣庄锂电产业集群为例，研究通过构建创新驱动体系推动低碳产业集群转型发展的战略和对策。首先，从产业价值链和产业集群网络两个维度介绍集群现状及转型发展的必要性，然后从创新资源要素、创新主体、创新机制和创新环境四个方面研究协同创新体系的构建和创新功能的形成，制定锂电产业集群转型发展的对策措施。

一、枣庄锂电产业集群协同创新现状

锂电产业是战略性新兴产业重点发展领域，属于低碳产业。枣庄锂电产业主要集中于枣庄高新区，起步于 2004 年，并发展为锂电产业集群，因其产业规模、创新能力和行业影响力，先后被确定为国家战略性新兴产业知识产权集群管理试点区、山东省锂电池产品质量监督检验中心、山东省行业技术中心暨锂电产业聚集区、山东省锂电新能源产业新型工业化示范基地、山东省车用动力电池产业化示范基地、山东省锂电优质产品基地、山东省新能源汽车自主创新示范园区、山东省可持续发展实验区。锂电产业集群升级是在创新驱动发展模式下，加强集群网络治理和嵌入全球价值链的过程。本节从产业价值链和集群网络两个角度介绍枣庄锂电产业集群发展现状，分析其可能存在的主要问题，厘清升级的方向。

（一）枣庄锂电产业集群协同创新网络构成

1. 产业价值链构成

目前，枣庄锂电产业集群拥有 3 大企业集团、30 余家锂电及关联企业，形成了从锂电原材料、锂电池生产、锂电池（组）控制及检验系统制造，再延伸到包括电子产品、储能系统和电动车辆等产品应用的一个较为完善的产业链。从锂电产业链整体分析，各环节的价值增值程度存在很大差异，每一环节内部价值创造活动的要求也各不相同，构成了产业价值链分析的基本框架（见图7-2）。

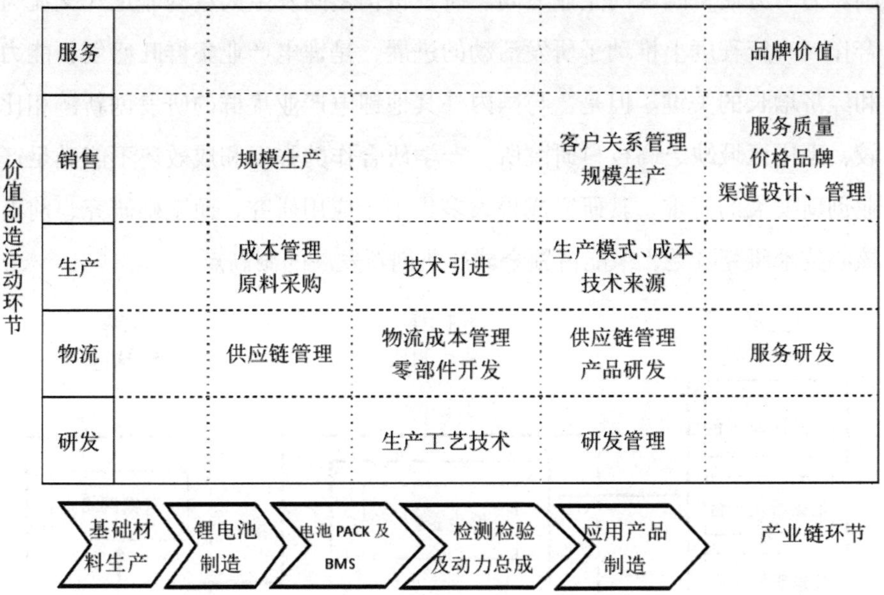

价值创造活动环节	基础材料生产	锂电池制造	电池PACK及BMS	检测检验及动力总成	应用产品制造
服务					品牌价值
销售		规模生产		客户关系管理 规模生产	服务质量 价格品牌 渠道设计、管理
生产		成本管理 原料采购	技术引进	生产模式、成本 技术来源	
物流		供应链管理	物流成本管理 零部件开发	供应链管理 产品研发	服务研发
研发			生产工艺技术	研发管理	

产业链环节

图 7-2 锂电产业价值链分析框架

同时，枣庄锂电新能源产业集群构建了由"科研开发、孵化创新、产业群体、教育培训、专业服务、风险投资"6个模块组成的产业体系和"人才培养—科学研究—技术开发—中试孵化—规模生产—营销物流"的锂电产业创新体系（见图7-3）。

（1）上游产业——高校院所及研究中心

锂电产业的性质决定了研发创新环节在整个产业链中处于战略控制点的位置，研发实力的强弱也反映了锂电产业集群的竞争能力和创新升级能力。枣庄高新区锂电产业集群已建成国家级科技企业孵化器、山东省锂电池产品质量监督检验中心、山东省知识产权信息服务平台枣庄分平台等公共研发服务平台，获批2个省级、11个市级企业技术中心、工程技术研究中心和3个锂电院士工作站，与30多家高校和科研院所开展合作，初步形成了研发创新体系。一方面，园区内企业之间、研发机构之间建立了良好的合作关系，积累了正式交流和合作的基础，形成了良好的创业氛围。另一方面，园区内企业之间、研发机构之间发生大量的非正式交流与合作，一定程度上推动了研发活动的进展，是锂电产业集群旺盛创新能力和经济增长的关键。但是，与国内外其他锂电产业集群的研发创新链相比较，枣庄区域缺乏高校科研院所，产学研合作的强度和成效还不能满足产业创新发展的要求，其研究成果大多集中于应用研究，而基础研究、前沿核心技术研究匮乏，未能占领全球产业创新发展的制高点。

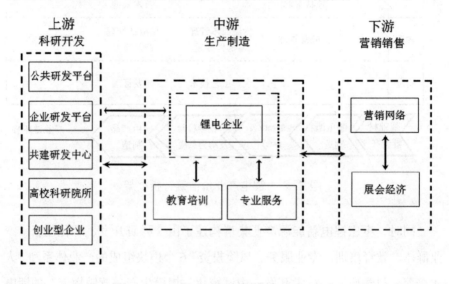

图 7-3　枣庄锂电产业链构成

（2）中游产业

产业链的中间环节主要由两种企业组成，一是以生产功能为主的锂电生产企业，二是中小型创业企业。枣庄高新区集聚了国内外知名的锂电企业 31 家，产品供应国内外市场。其产业集群的发展表现出以下几个方面的特征：一方面，受锂电企业的生产性质影响，集群内大部分企业之间并没有很宽泛的联系和合作，但与上游科研单位或下游产品营销部门的联系更为密切，也就是说，锂电生产企业之间横向联系的广度和深度不及与研发机构和下游产业部门的纵向联系。另一方面，锂电生产企业的研发能力并不是很强，重点领域、关键环节的产品技术、生产工艺等主要还是依赖从其他地区的科研院所、大企业集团等引进，企业完全自主知识产权的专利技术及其产业化项目还处于起步阶段。另外，由于支持政策和服务的缺乏，科技成果转化和科技创业不活跃，小微型高科技企业衍生速度慢，内生动力缺乏。同时，区内企业还未完全融入全球产业链，缺少带动整个集群的龙头企业。

（3）下游产业及辅助产业

枣庄锂电产业集群已经形成了一个立足山东、覆盖全国、辐射全球的锂电产品销售网络，产品出口美国、澳大利亚、新西兰等 10 多个国家和地区。其中，海特电子集团产品技术处于国际领先水平，实现锂铁圆柱电池量产居国际前三位，锂铁扣式电池世界首创，超级电容器出口量国内领先，研发生产的磷酸铁锂动力电池具有良好的安全性能和高低温放电性能，能在（－ 40℃至 80℃）的范围内正常使用，是唯一获得中国人民解放军原总参谋部颁发的军品入网许可证和中国船级社（CCS）型式认证的磷酸铁锂动力电池生产企业，产品广泛用于航空、航海及军用通信等军工领域和港口交通、轮渡、游艇和海上作业等海洋海事领域。与此同时，海特电子集团等骨干企业是海尔集团、海信集团等知名企业的供货商，与美国 GE 公司达成锂电产品供货协议。以威斯特车业为龙头，在全国建成 500 多个销售网点，形成了完善的营销网络，2013 年产销锂电自行车 30 万辆，占锂电自行车行业 10% 的市场份额，居全国前列，产品同时出口欧美多个国家；威斯特车业注重打造品牌优势，每年投入 1000 余万元广告宣传费用，"舜意"牌注册商标已成为锂电自行车行业知名品牌，目前正申报中国名牌产品，品牌价值 2.35 亿元。

2. 产业集群协同创新网络构成

枣庄高新区锂电集群产业网络是由锂电生产企业和小规模的创业企业、科研院所、研究中心、营销网络、相关辅助产业和公共服务平台等通过正式和非正式的联系，形成的共享资源、分工协作，且相互影响和相互制约的一个关系系统（图7-4）。这个关系系统具体现为研发网络、供应商网络、松散的生产合作网络、中间转包网络等。在此网络中，研发机构和企业是网络内的主要节点，研发是最核心、最高端的环节，是决定产业发展水平的重要因素。

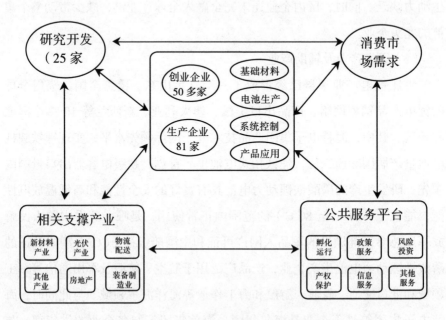

图7-4 枣庄高新区锂电产业网络

（二）枣庄锂电产业集群协同创新网络特点

1. 产业价值链的特点

从产业价值链的演化过程看，可以分为技术主导型、生产主导型、经营主导型和综合型4种类型。从产业价值链的独立性看，可以分为依赖型产业价值链和自主型产业价值链。枣庄高新区锂电产业集群所属产业价值链是以锂电技术开发研究机构和生产企业为主导和核心而配套形成的综合型和具有较强外部依赖的产业价值链，具有下列几个特征：

第一，从技术研发、产业集群、专业服务、教育培训到下游市场开拓，枣庄高新区锂电集群已经初步形成一个以研发为中心、生产为重点的完整产业链，各个环节之间相互联动，在技术上具有一定的关联性。产业链上游、中游、下游产业（环节）之间存在大量的信息、物质、价值方面的交换联系，并具有多样化的链接实现形式。相对完善的产业价值链和创新链形成了锂电产业发展的良好园区氛围，对国内外锂电企业的研发部门或企业总部产生了较强的吸引力。

第二，上游研发环节与生产企业之间的联系相当弱。某些企业的技术支撑主依赖美国、日本引进，而与产业园区内的研发机构缺少密切合作。同时，锂电企业之间的横向联系也较弱，缺乏必要的、有效的沟通。另外，生产企业和研发环节也存在脱节现象。集群内部由于企业之间缺乏交流而限制了创新知识在网络内的流动，进而阻碍了网络的链式效应和集群效应的辐射和带动作用的发挥。

第三，研发环节在整个锂电产业链的成长过程及价值的实现过程中起到关键作用。锂电技术部分达到世界领先水平，但总体上与世界发达国家存在巨大差距，尤其缺少自主知识产权的锂电产品。

2. 集群产业网络的特点

第一，地理集聚性。枣庄高新区锂电产业园总规划面积 533 公顷（约 8000 亩），有 30 多家锂电生产企业和 20 余家锂电研发机构及其他相关产业部门高度集中在该园区内。第二，产业关联性。集群园区内锂电产业各部门围绕锂电的开发、生产、销售，相互之间存在着高度的产业关联度，已经形成一个完整的产业链。第三，多维互动性。网络中的各节点（科研院所、研究中心、企业、政府、中介等）相互作用、相互影响、相互依存，不断发生多点、多维、纵横交错、纷繁复杂的物质和信息交换。第四，边界模糊性。虽然企业都位于园区内部，但是网络节点和园区外部还有大量的联系。因此，该网络并没有严格的界限，不是封闭的，而是一个动态开放的系统。第五，主体互利性。网络中的行为主体是基于互利互惠而结合在一起的，通过网络联系获得各自的利益。第六，发展初级性。一方面体现在网络发育尚不完善，企业主体规模偏小，中介服务、金融服务能力不强；另一方面体现在集群创新驱动体系不健全，没有形成由知识创新、技术创新、商业模式创新等环节形成的创新链条，且基础研究、前沿技术和关键技术研究能力不强，集群发展较多依赖规模扩张和投资驱动；再一方面，枣庄高新区锂电产业在国际产业链中仍处于低端的位置。第七，地域根植性。企业和各种机构受地域社会文化影响，各主体价值观念、行为模式带有较强的地域特色。

二、枣庄锂电产业集群创新发展战略举措

根据上一节对枣庄锂电产业集群的发展现状分析，总体来看，枣庄锂电产业集群处于全球价值链的中低端，参与国际竞争还处于依赖要素驱动和投资驱动的阶段，推动集群转型发展具有必要性和紧迫性。根据本书的研究，实现锂电产业集群转型发展需要实施创新驱动发展战略，即从构建创新驱动体系，提升创新驱动能力入手，改善集群网络治理，使锂电产业集群嵌入全球产业价值链并向高端环节攀升。从创新资源来看，就是要加大创新要素的投入，加强创新要素和传统要素的资源整合；从创新主体来看，就是要完善产业集群创新网络，促进创新主体之间协同；从创新机制来看就是要健全创新机制，提高集群创新能力；从创新环境来看，就是要嵌入集群创新环境，为集群创新升级提供保障。总体来看，在创新驱动战略引领下，创新资源、创新主体、创新机制、创新环境四位一体，最终形成一个全方位、立体化战略支撑体系。

（一）加大创新资源要素的投入与整合力度

创新驱动和产业集群升级的重要前提，是技术、知识、人力资本等创新资源要素替代、改造、整合传统要素，并进行要素优化组合的配置。枣庄市区位优越，交通便利，拥有初级人力资源、土地等传统要素的优势，但在高端人才、人力资本、技术创新成果等创新要素的存量、增量、整合共享及利用方面存在差距和短板，这反映在 R&D 占 GDP 比重、每万人发明专利拥有量等统计指标上。

　　企业、大学、科研机构、科技中介机构、政府等作为创新体系中的组织主体，是科技创新资源的主要提供者。加大创新资源要素的资金投入、政策扶持与引导，并在创新行为主体之间建立组织协调机制，才能更好地整合科技创新资源，确保科技创新人才、技术、信息、资金等资源能量的最大释放。

　　1.加大创新平台建设力度，构建技术创新体系

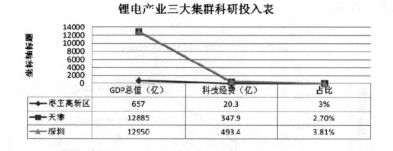

锂电产业三大集群科研投入表

	GDP总值（亿）	科技经费（亿）	占比
◆ 枣庄高新区	657	20.3	3%
■ 天津	12885	347.9	2.70%
▲ 深圳	12950	493.4	3.81%

图 7-5　枣庄、天津、深圳三大锂电产业集群 2012 年科研投入表

　　创新平台是企业、高校院所开展知识创新和技术创新的重要基础设施，是整合集聚创新要素的重要载体，也是技术创新成果的重要提供者。建设公共技术服务平台和信息化服务平台，加快建立以企业为主体、市场为导向、产学研相结合的技术创新体系，强化技术创新和科技成果产业化的法制保障、政策体系、激励机制、市场环境，构建多层次的创新合作机制，促进科技资源开放和共享，加快科技成果向现实生产力转化。第一，加快公共创新服务平台建设。加大集群创新公共服务平台建设力度，充分发挥国家级科技企业孵化器作用，完善提高孵化器功能，孵化毕业一批科技型中小微锂电企业，为产业集群发展提供源源不断的创新主体；建设好山东省知识产权信息服务平台枣庄分平台，在集群知识产权的创造、应用、保护和管理方面发挥服务功能，推动集群内知识产权战略实施；规划建设省级智能光电研究院、鲁南锂电新材料研究院、山东省锂电池产品质

量监督检验中心，完善枣庄锂电产业科技创新公共服务平台体系。第二，推动企业自建创新平台。政府通过财政、税收、金融等手段鼓励、支持并引导企业建设科技创新平台。集群企业通过产学研结合的途径，以市场需求为导向，根据企业发展战略的要求，建立企业技术中心、工程技术研究中心、工程实验室、重点实验室等企业创新平台，使企业成为研究开发投入、技术创新活动组织、创新成果应用的主体。推动建立企业、科研院所和高校共同参与的创新战略联盟，发挥企业家和科技领军人才在科技创新中的重要作用。

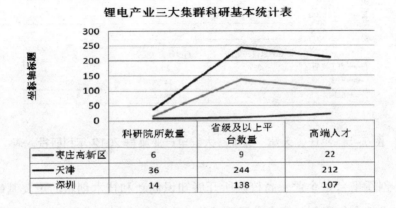

锂电产业三大集群科研基本统计表

	科研院所数量	省级及以上平台数量	高端人才
枣庄高新区	6	9	22
天津	36	244	212
深圳	14	138	107

图7-6　枣庄、天津、深圳三大锂电产业集群2012年创新资源对比

资料来源：王来军（2014）

2. 加大人力资源投入，组建锂电产业人才库

增强科技创新能力，还要在人才的培养、凝聚、使用、保护方面下大力气。第一，加大人才引进力度。有效发挥人才专项资金作用，加大人才引进力度，积极引进培育创新科研团队、领军人才、紧缺人才和高技能人才，吸引集科研、生产、管理、市场等多种高端人才于一体的团队入区创业。与国内外锂电领域知名高校、科研院所、研发机构建立政产学研战略联盟，通过产学研合作项目、联合攻关和共建研究机构等方式，引进弹性科研人才入区开展技术创新活动，积淀集群技术创新。第二，加大人才培

养力度。采取校企合作、订单培训等方式，加快培养与产业发展相适应的技能型、实用型人才。落实好与清华大学、北京交通大学等高等院校签订的框架合作协议，实现互利共赢。拓展合作领域，开展关键技术研发，促进成果转化应用。设立人才开发专项资金，鼓励有条件的企事业单位于高等院校、科研机构联合建立博士硕士培养点、工作站。扶持锂电人才外出培训，重点对锂电企业经营管理领军人才、研发团队核心人才、优秀高技能人才的培训给予财政补贴和奖励。第三，加大创业扶持力度。对引领全区锂电产业发展、能带来巨大经济社会效益的高端领军人才和世界一流创新团队，给予一定的启动经费。鼓励引进人才以发明专利等知识产权作价出资、入股。启动实施海外留学归国创业领军型人才计划，通过提供创业启动基金等方式，吸引高水平海外留学人员带知识产权、带项目、带资金、带团队，归国入区创业，打造锂电集群创新发展新的增长极。

3. 加大产学研结合力度，集聚创新要素资源

创新要素资源的缺乏是枣庄锂电产业集群创新驱动力不足的重要原因，一方面与本地缺乏高等级学校和高水平科研院所、企业创新主体规模偏小有关，另一方面也与缺少对外开放力度，没有形成创新要素资源集聚的机制有关，特别是在产学研结合创新机制完善方面，需要进一步加大工作力度，探索以企业为主体、以市场为导向的产学研结合体系。围绕集群企业市场需求和发展战略，组织全国相关高校院所与企业开展对接洽谈活动；收集企业技术创新需求，向高校院所进行推介；加大对产学研合作成果扶持的力度；将现有产学研合作成果在集群内进行推广，实现资源共享。

4. 强化科技资源开放共享

建立企业、高校院所科研设施开放共享机制，推进大型科研仪器设备、科技文献、种子数据等科技基础条件平台建设，建立健全开放共享的运行服务管理模式，实现创新资源整合共享、优化配置。

（二）完善产业集群创新网络，促进创新主体协同

以企业为主体，高校、科研院所、中介机构、金融机构以及政府等公共服务机构共同构建的区域创新网络，是一个区域产业集群创新驱动的主体，这些创新主体的协同是实现创新功能集成、形成创新驱动力的关键。构建区域创新体系，形成创新驱动能力，必须有完善的区域创新网络。网络主体在创新机制作用下对创新资源进行优化配置，彼此之间围绕创新链进行分工协同，驱动产业集群的升级发展。

枣庄锂电产业集群缺乏高校院所，产学研结合不紧密，既缺少知识创新源头，也缺少研发、信息、培训、商务、物流等中介服务，还没有形成完善的科技中介服务体系。服务于创新性企业的科技金融机构、工具缺乏，金融创新不活跃，整体上还未形成完善的区域创新网络。为此，一方面应大力培育和壮大以企业为主，包括高校院所、中介服务机构和金融机构在内的创新主体网络，并正确处理政府和市场的作用边界和关系，发挥政府在主体培育、网络形成和主体联系中的作用，在产业集群内形成各类创新主体。另一方面，应该充分发挥政府和市场作用，以平台、资金、技术、项目、企业或机构为纽带，鼓励和支持各创新主体根据自身特色和优势，探索多种形式的协同创新模式，促进创新主体之间的协同，使得知识创新、技术创新、市场商业模式创新等创新功能有效集成，避免创新中的"孤岛效应"。

1. 壮大企业群体

企业是产业发展的基石，是创新驱动体系中技术创新的主体。产业集群网络的完善和创新能力的提升，首先有赖于技术创新群体的壮大。鼓励、支持和引导大企业通过核心技术研发提高技术创新能力和核心竞争力，通过合作合资、收购兼并等方式，扩大企业规模，使之成为价值链高度整合的龙头支持企业；支持中小微企业围绕创新链、产业链、资金链开展分工协作，形成锂电产业集聚优势；通过鼓励和扶持科技创新创业，进行科技成果的转化和孵化，培育一批科技含量高、成长潜力大的科技型小

微企业；通过招商引资等手段，积极引进一批技术水平高、自主创新能力强的企业。多管齐下，不断壮大企业群体，促进锂电产业集群的发展。

2. 大力发展中介服务

中介服务机构可以为企业提供科技创新服务平台、科技咨询、信息沟通、教育培训、知识产权代理、创业投资、管理咨询和科技融资等一系列完善的中介服务支持，具有信息渠道广泛、信息资源丰富、专业性强等特点，可以在技术创新与转让中发挥重要作用。目前，枣庄高新区科技中介机构尚处于发展初期，一是中介产业链不健全，较低层次的信息咨询、人才培训等中介服务较发达，但是高层次的、知识型、技术型、资本型的中介机构缺乏；二是中介机构规模小，存在机构数量少、单体规模小、功能单一的问题；三是行业自律水平亟待提升，高素质人才缺口较大。中介服务产业成为制约科技创新创业体系的一块短板。为此：

第一，加快健全科技创新服务体系。围绕产业创新需求，以加速技术转移与成果产业化为目标，健全科技创新服务体系，大力发展研发设计、技术创业、成果转化、产业促进服务类机构，建设技术信息、检验检测、中试孵化、技术交易、科技金融等公共服务平台，培育研发设计、知识产权服务、现代会展等科技服务业。支持和引导科技中介向服务专业化、功能社会化、组织网络化、运行规范化方向发展，壮大专业研发设计服务企业，培育知识产权服务市场，推进检验检测机构市场化服务。提供技术转移、标准、质量品牌、人才培训等专业化服务。第二，加大中介机构的财政扶持。一方面，在中介机构建立初期，政府直接投入政策性资金予以扶持，既保障中介机构顺利启动发展，又创造示范效应，诱导社会资本进入。另一方面，设立财政专项鼓励资金或实施减免税激励政策，鼓励中小企业采用中介服务。第三，推动中介机构社会化发展。市场经济的发展要求建设独立、客观、公正的社会化、产业化的中介服务体系。除保留少数由政府资助的面向企业提供公共服务的非营利机构外，绝大多数科技中介机构要以民间投资为主，鼓励高校、科研院所、企业、社会团体建立各种服务机构，鼓励科学家、工程师开展业余咨询服务活动，努力促进科技中介服务业的发展。第四，鼓励中介机构服务创新。适应企业发展的多种需要，创新中介服务的业务范围、服务模式，倡导"一站式"中介服务和跨领域资源共享，将以前单纯的企业孵化器、生产力促进中心等中介服务升级为集企业孵化、科技交流、投融资管理、法律服务、管理咨询、培训教育等功能于一体的综合性中介服务。

3. 大力发展科技金融

在金融服务方面，枣庄高新区存在着金融组织（机构）少、金融市场不完善、金融工具手段和产品品种缺乏等问题，特别是在科技金融方面尚处于萌芽时期，还没有形成全方位支持产业科技创新的金融体系，为此，应大力发展多层次资本市场，完善支持科技创新的金融服务体系。第一，拓宽融资渠道。引进股份制银行，吸引招商、兴业、华夏、光大等国内大型金融机构入区设立分支机构或功能中心。到 2020 年，金融机构力争达到 15 家；加大对金融机构支持锂电产业发展考核奖励力度，力争新增贷款为全市平均水平的两倍。鼓励有条件的锂电新能源高新技术企业在国内主板、中小企业板、创业板或新三板上市。支持锂电企业通过发行企业债、公司债、中小企业集合票据、区域集优票据等募集资金。到 2020 年争取 5 家企业完成上市融资；培育和发展融资担保公司，组建担保联盟，健全信用担保体系。第二，促进科技金融结合。发挥政府创业投资基金引导作用，吸引社会创业投资机构进入，发起设立中科招商创新创业种子基金，加快发展创业风险投资事业，培育科技型锂电中小企业。鼓励锂电企业开展专利权质押融资，到 2020 年，利用知识产权贷款锂电企业达到 40 家。大力开展科技银行、科技保险、科技担保、科技小贷、科技债券、知识产权质押贷款等融资项目，鼓励和引导金融机构、社会机构、民间资本等主体参与科技创新创业。第三，创新融资方式。研究推出集合资金信托、资产证券化、私募股权投资基金、并购基金、风险投资基金等新型融资手段，加快 BT、BOT、TOT 等项目融资方式的运用。充分利用过桥还贷资金，解决锂电企业还贷续贷问题，到 2020 年资金使用额不低于 2 亿元。鼓励枣庄银行等金融机构创新土地封闭贷款、设备融资租赁等担保方式，扩大有效抵押物范围，破解融资难题。

4. 强化高校院所对企业技术创新的源头支持

鼓励支持高校院所与企业共建研发机构、共建学科专业、实施合作项目，加强高校院所对锂电企业技术创新理论、基础和前沿技术的支持。支持产业骨干企业与高校院所形成战略合作关系，建立联合开发、优势互补、风险共担、利益共享的产学研用合作机制，组建产业技术创新战略联盟，承担锂电产业研发创新重大项目，制定行业技术标准，编制产业技术路线图，引导产业创新发展。

5. 构建产学研相结合的协同创新机制

实现创新驱动集群升级，根本的还要依靠以市场为导向，以企业为主体，通过产学研结合的模式，进行知识创新、技术创新及商业模式创新的整合。枣庄高新区应当努力改变目前主要依靠要素驱动、投资驱动，生产制造在集群中占据重要地位的现状，推动锂电产业集群向产学研一体化协调创新方向发展，具体而言：第一，建立以"市场契约"为核心的新型产学研合作模式。确立以企业为主体，企业、科研院所利益共享风险共担的合作机制，解决科技成果转化、市场资源配置、利益分配等难题，实现科研院所的技术资源与企业的产业资源优势互补，为最大限度地发挥知识功能提供相对完善的服务。加强与中科院、省科院、北京交通大学、河北工业大学、深圳大学等在锂电新能源领域有影响力的院校的长效合作机制，推动高校科研成果在企业转化壮大，鼓励海特电子、润峰电子等龙头企业引进高校高端人才，建设一批锂电工程实验室、重点实验室、工程技术研究中心、企业技术中心等企业研发机构。第二，支持企业组建或参与技术创新战略联盟。支持和引导企业与高校院所形成战略合作关系，建立联合开发、优势互补、风险共担、利益共享的合作机制，组建产业技术创新战略联盟，承担锂电领域技术创新项目，参与标准制定，编制产业技术路线图，引导产业创新发展。政府要加大对产学研联盟的支持力度，成立科技中介服务机构，在财政、金融和税收等方面采取多项措施，促进中小企业与高校科研院所的合作，引导中小企业广泛参与产学研联盟创新。第三，激励集群内创新资源良性交流。克服目前枣庄锂电产业集群网络内企业间横向联系薄弱的现状，通过与大学、科研机构、政府和中介机构的交流、互动，加强网络内的水平联系和垂直联系。锂电产业各企业单位要加强与园区内其他产业部门的联系，提高网络的地域嵌入性和文化嵌入性；同时，也要注重与园区外企业和经济行为主体的互动，增强锂电产业网络的开放性，最大限度地嵌入当地的社会文化网络中，获取多方面资源，激发创新的产生。

（三）培育创新机制，增强集群创新能力

创新驱动集群升级的过程，也是创新主体对资源要素进行优化配置的整合过程。理论研究表明，产业集群升级发展中，市场机制是资源配置的主要机制，但由于创新成果的公共物品特性、创新过程的不确定性以及其他引致市场失灵情况，要求政府计划机制也要发挥适当作用。政府发挥作用的方式主要有提供公共产品、进行制度创新等，以弥补市场机制在创新方面的不足和缺陷。在集群发展中，还存在着所谓的"第三种力量"——集群治理机制，即集群主体之间因文化背景相近、产业创新关联密切，进行自我管理的自组织机制。其中，正确处理政府与市场的关系，界定各自在创新过程中的作用领域和方式是创新机制的关键。

枣庄锂电产业集群在创新机制方面存在的主要问题包括：政府与市场关系定位不太准确，政府干预措施不当造成市场信号扭曲，不利于企业创新。比如在土地、资金等资源配置中未按照平等竞争的市场原则进行，行政干预方式进行配置资源，造成市场竞争秩序混乱，市场信号扭曲，企业创新动力减弱等；政府在产业升级发展中的定位、作用方式有待改进，需要转变政府职能，解决"缺位""越位"等问题，更多在制度创新、公共产品等"市场失灵"领域发挥作用；集群内企业之间以及和相关机构之间缺乏集体行动，内部治理体系、规则和机制不健全等。

1. 转变政府职能，营造集群创新环境

第一，建立高效廉洁行政系统。高新区要建立联席会议制度，加强经济政策和科技政策的相互协调，制定并完善从项目审批、资源供应、财税金融、政府采购到知识产权保护、人才队伍和市场管理等方面的措施办法，形成激励自主创新的政策体系；减少办事环节，提高办事效率，减少政府收费，降低企业的外部成本；降低创业门槛，充分发挥政府动员资源、集中资源的强大功能，对重点企业给予"绿卡"政策。第二，提供公共产品和服务。建设良好的道路、通讯、供水、供电等硬件基础设施，做好公共图书馆、公共活动场所、公共信息网络等公共设施建设和公共研发中心、公共技术实验室、产业技术数据库信息网等公共技术创新服务平台建设，降低集群交易成本，提升产业竞争力，为集群的创新升级夯实基础。通过政府的全面介入，依托公共平台建设，推动集群内外产学研合作活动，促进科技创新成果的交流、转化和产业化建设。第三，加强市场监管，建立公平开放高效有序的市场秩序。依托产权制度体系和市场法律体系，建立保障公平有序竞争的规则和秩序；规范企业行为，发现和惩处违法违规的市场行为；引导企业开展协作型竞争，避免恶性的无序竞争对产业集群竞争力的不利影响；引导和推动企业建立行业自律性社团组织，政府监管和行业自律并举，共同规范市场秩序，制止无序竞争。

2. 推动制度创新，激发科技创新活力

第一，完善知识产权制度。实施知识产权战略，以增强科技创新能力和产业竞争力为核心，加强知识产权的创造、运用、保护和管理，促进知识产权产业化。一要强化企业知识产权创造和运用主体地位，引导企业加大创新投入，推动锂电产业领域创造一批关键技术、核心技术的自主知识产权，把获取知识产权优势作为开拓市场、提升竞争能力的重要手段。二要促进知识产权转移应用、专利技术产业化、企业商标应用和知识产权综合运用。三要完善知识产权保护机制。完善知识产权预警与维权援助机

制，依法惩治知识产权违法犯罪及侵权行为。四要加强知识产权宏观管理和企事业单位知识产权管理。五要健全知识产权服务体系。

发展知识产权服务机构，推进知识产权市场建设，提高知识产权公共服务能力。第二，出台扶持锂电产业发展的政策措施。发挥好政府产业政策引导作用，充分调动市场主体的积极性，加强科技开发、产业化、市场培育等关键环节的组织协调、改革创新、政策支持。积极帮助锂电产业项目争取国家和省里在土地征用、税费减免、金融资金、科技创新、专利申报等方面的扶持。实施锂电产品推广使用优惠政策，对于枣庄高新区生产的锂电产品如锂电汽车、锂电自行车、锂电池及锂电储能系统等，在政府公务用车、公共交通车辆等公共领域予以优先采购，对市民购买使用的，直接给予消费补贴，对于企业销往外省市及国外的，按产品档次、销售数量及销售额等标准，分别给予生产补贴。第三，深化科技管理体制改革。对于新建设的鲁南锂电新材料研究院等科研机构，要按照现代科研院所要求探索建立科技事业单位出资人制度；推行科研项目社会公开招标制，取消内部委托制，实行由首席专家负责的联合团队攻关；改革科技评价机制，完善科技评价标准，健全科技评价专家库，规范专家遴选程序，建立科技评价意见反馈机制和科技评价监督及申诉机制；在科技类企业中，要积极推行股票期权制或期股制，加大对经营创业者和骨干科技人员的激励力度。

3. 完善治理机制，提升协同创新能力

政府职能的调整离不开民间组织的发展，以维持因政府治理退出而导致的社会经济秩序管理空白。第一，建立民间商会协会等行会组织。为实现锂电产业集群的有效治理和创新发展，组建锂电行业协会、商会组织等，鼓励支持企业和相关机构围绕市场开拓、集体品牌、科技研发开展共同行动。建立和完善行会、商会与政府的多渠道沟通与协调机制，把一些政府审批事项交由行业组织负责，积极发挥行业组织作用，为创新型科技型企业提供经济、金融、技术培训、信息提供、进出口等各方面服务，确保企业创新能力的提高和进行良好的生产经营活动。第二，构建由企业、

高校院所组成的产业技术创新联盟组织。围绕产业价值链条布局科技创新链条，鼓励和支持包括企业、高校院所在内的集群主体，围绕科技创新，以知识、技术、人才、项目为纽带，集聚产业集群内外创新资源，开展基础研究、关键共性技术研究、前沿技术研究，以创新目的强化内部治理，实现集群创新主体之间的协同行动。

（四）嵌入集群创新环境，强化外部保证

从理论上看，集群创新环境是创新体系的重要构成要素，只有在适宜的环境中，产业集群才能获取和集聚创新资源要素，创新驱动机制才能有效发挥作用，创新主体才能实现资源的优化配置。从枣庄锂电产业集群发展环境的现状来看，促进锂电产业集群升级发展的区域创新环境、链接国家创新体系和嵌入全球产业价值链方面存在着一些问题，主要表现在：对外开放和合作不足，与全球产业价值链联系不紧密，还没有嵌入全球产业发展体系；区域创新的文化环境、法律环境、市场环境还有待改善。枣庄锂电产业中初步的创新链条还没有紧密连接国家创新系统，形成了创新的孤岛。

1. 完善国际合作交流机制

鼓励企业充分利用国际市场对我国开放的机会，走出国门寻找新的发展空间，推动国际合作交流，实现国际化发展。第一，发挥政府招商引资的基础作用。加大力度引进龙头企业，招引锂电产业跨国公司或国内行业领导者入园建厂，发挥"火车头"带动效应，吸引各类锂电配套企业向高新区集聚，进行专业化分工与协作，构建完整的产业链条和集群，实现规模经济、降低交易成本、促进科技创新，全面提升集群竞争力。第二，加大对合作交流的支持力度。在"平等互利、成果共享、保护知识产权、遵从国际惯例"的原则下，坚持"请进来"与"走出去"相结合，通过建立国际合作平台、人员互访交流、开展合作研究、技术贸易、国际学术会议等方式，以国际高端人才集聚为引领，以国际先进技术成果引进为纽带，以科技项目合作为载体，积极探索内陆城市国际科技合作新路子。第三，激发企业参与国际交流合作积极性。积极开展全方位、多层次、高水平科技国际合作，加大引进锂电领域国际科技资源的力度，加强技术引进和合作，鼓励企业开展参股并购、联合研发等方面的国际合作。通过组织企业参加国内外招商引资活动、出口展洽会、科技成果展示会等活动，为锂电企业开拓国际市场、引进国外技术提供支持和服务。通过给予财政扶持、税收优惠、高效服务等，支持和推动锂电企业和研究机构走出去，到海外建立研发机构，积极扩展全球联系，充分融入全球研发生产网络，在更大范围内获取知识和信息，直接利用国际创新资源反哺锂电产业基地发展，激发创新、获取价值、实现升级。

2. 加强集群发展软硬环境建设

通过软硬两方面环境的建设，夯实和提升集群技术创新和升级发展的基础。第一，抓好基础设施配套和生态环境建设，打造坚实硬环境。一方面，继续推进锂电产业园的基础设施建设升级，从土地使用、规划建设、配套设施、资金融通、平台支撑、政策扶持等方面给予倾斜，统一规划、集中投资于供排水、供电、道路、通信及燃气环卫等基础设施建设，为下一步培植龙头企业、吸引20家以上配套企业入园建设，提供充分空间，推动企业集中连片发展，集约节约用地，降低整体开发建设成本。另一方面，切实加强生态环境保护与建设力度，全面落实环保法律法规，确保环境保护与经济社会的协调平衡发展，坚决杜绝牺牲环境求发展的现象，加强环保监测与执法力度，积极推行清洁生产，为生产生活创造优越的自然环境。第二，营造适于创新发展的社会和文化氛围，打造优良软环境。政府及有关公共机构要通过信誉评级、打击败德行为、规范不正当竞争行为等方式，倡导诚信、团结、合作的集群文化，大力培育集群诚信合作氛围。鼓励支持企业间交流合作，增加集群社会资本，降低交易成本，推动集群及企业竞争力的提升。引导和推动企业建立行业协会、产业联盟等行业自律组织，实行政府监管与行业自律并举，共同规范市场秩序，制止无序竞争；弘扬追求卓越、重视创新、鼓励冒险、宽容失败、乐于合作的创新创业文化，倡导开放思维和流动意识，为产业创新发展增添精神动力。

第三节　我国低碳产业集群发展的对策与建议

一、转变经济发展理念

与传统的经济发展模式相比，低碳经济具有以下鲜明特征：第一，低碳经济是一种可持续的经济发展模式。低碳经济是一种能够实现经济、社会、生态可持续性发展的经济发展模式。低碳经济模式下，通过技术创新、新能源开发、循环利用等手段降低经济发展对稀缺和不可再生能源的依赖，提高能源的利用效率，减少对环境的损害，保持自然资源和环境服务的可持续利用，实现在代与代之间的公平分配，并把人类的活动控制在生态系统的承载能力之内，将生态视为经济发展的内生要素，保持生态生命支持系统，保护生物多样性，从而保持经济、社会、生态可持续性发展。第二，技术创新发展是低碳经济的核心举措，重点依靠能够提高能源利用效率、实现清洁生产的低碳技术创新。低碳技术的创新主要包括：首先是节能技术的创新，主要是通过技术创新提高化石能源的利用效率，降低单位 GDP 的能耗；其次是新能源技术的创新，主要包括太阳能、风能、生物能等新能源的开发与利用，减少使用化石能源，降低 CO_2 的排放量；最后是 CO_2 捕捉与埋存技术，煤炭、石油等化石能源是一种高碳能源，在其燃烧的过程中必然会产生 CO_2，这是由其化学性质决定的，在煤炭、石油等化石能源还是主要能源的条件下，除了提高能源的利用外，可选择的就是碳捕捉与埋存。需要注意的是，技术的产生和发展需要系统对创新能力的支持。因此，需要从系统的角度，整体全面地考虑低碳技术的创新问题。第三，低碳产业将成为一个新兴产业。低碳经济的发展以及低碳技术的创新会带来产业结构的调整，使以低碳技术为核心的产业成为低碳经济发展模式下的新兴产业。2009年3月，英国商业、企业和管制改革部颁布了《低碳产业战略远景》，提出英国低碳产业战略的四个方向：①通过提高能源效率，减少商业、消费者以及公共服务成本；②重视英国在可再生能源，核能，碳捕获和储存技术、输电网络等能源基础设施建设，将其作为英国发展低碳产业的未来；③使英国成为全球低碳汽车开发和生产领先者；④通过提供技能、基础设施、采购、研究和开发、示范和政策的部署，使英国成为发展低碳商业中心，由此可见低碳产业的发展前景。

我国作为一个人口数量众多的发展中国家，工业是推动我国经济快速增长的主体产业，能源需求快速增长，"富煤、少气、缺油"的资源禀赋使煤成为我国的主要能源，同时，因受制于生产力发展水平，单位 GDP 碳耗用量比较高，与日本、英国等经济发达国家相比，还存在一定的差距，所面临的能源安全与气候变化的压力也更大，因而，推行低碳经济发展模式不仅是实现我国经济的可持续发展和人们生活质量持续提高的要求，也是在未来几十年中建立起我国国家综合竞争力的需要。

二、大力发展低碳产业

低碳产业在任何一种经济发展模式下，产业都是国民经济的重要组成部分和国民经济增长的推动力。低碳经济已经成为各国经济发展的必然选择和方向，低碳产业也理应成为低碳经济的重要组成部分和支柱，其兴起和发展不仅是社会分工的产物和科技进步的结果，而且也是人类社会实现可持续发展的内在要求。我国在向低碳经济发展模式的转变过程中，重点应该放在低碳产业的发展，具体原因如下：

第一，国家核心竞争力就是产业国际竞争力，在国际市场上，国家之间的竞争表现为各个国家的产业之间在国际市场上的实力较量，在低碳经济发展模式下，低碳产业是国家核心竞争力的重要来源。迈克尔·波特用"钻石体系"分析了一个国家为什么在某种产业上具有国际竞争力，他认为生产要素、需求条件、相关产业和支持产业的表现、企业战略、结构和竞争对手等四大关键要素是一个国家产业国际竞争力的最重要的来源。低碳经济作为一种新的经济发展模式，要求经济发展最大限度地减少对化石能源的依赖，实现能源利用转型和经济转型，必然会带来能源结构、产业结构、科学技术、贸易结构以及消费方式等方面的一系列变化；低碳技术的开发与应用会对传统产业产生影响，也会催生新兴产业的产生，以上种种变化都会引发"四大关键要素"的改变，从而使原有的产业国际竞争力和国家核心竞争力发生相应的变化。特别在低碳经济发展模式下，因产业国际竞争规则的改变和"碳标签"的兴起，在国际市场上只有低碳产业才能获得竞争力，也只有低碳产业才能给一国带来持久的核心竞争力。

第二，发展低碳经济的核心在于低碳技术创新，企业是低碳技术创新的主体，而低碳产业为企业低碳技术创新提供了良好的组织环境。在现代社会，企业是技术创新的主体，但企业的行为受到众多因素的影响，包括制度与组织网络、基础设施以及知识的创造与传播过程等，成功的技术创新不仅来源于企业内部不同形式的能力、技能之间多角度的交流，同时也是企业与它们的竞争对手、合作伙伴以及其他众多的知识生产和知识持有机构之间互动的结果[1]。由此可见，低碳技术的创新不可能由单一企业来完成，企业只有在低碳产业组织环境下才能很好实现低碳技术创新。此外，任何一个企业都只是产业链中的某一环节，其所进行的低碳技术的创新必须能适应上游企业和下游企业的需求，与上下游企业的产品生产相协调，因此，只有将企业低碳技术创新置于低碳产业组织环境下才获得成功的创新。

第三，低碳经济的发展和低碳生产力的提高的动力源自具有竞争优势的低碳产业及其低碳产业集群。一国低碳经济的发展层次和低碳生产力的水平是植根于该国低碳产业和低碳产业集群的表现，也是该国许多低碳产业发展的综合表现，特别是具有竞争力的低碳产业的表现。具有竞争力的

---

[1] 林善浪，吴肇光. 核心竞争力与未来中国 [M]. 北京：中国社会科学出版社，2003.

低碳产业会吸引经济资源、生产要素等流入该领域或相关产业，同时形成一大批专业化分工的、相互关联的企业、供应商、专门化的制度和协会集结在一定区域，最终必定推动具有竞争力的低碳产业集群的形成，"集群不仅降低交易成本、提高效率，而且改进激励方式，创造出信息、专业化制度、名声等集体财富。更重要的是，集群能够改善创新的条件，加速生产率的成长，也有利于新企业的形成"①，而正是众多这样具有竞争力的低碳产业集群推动着低碳经济的发展和低碳生产力的提高。

三、推动低碳产业集聚

（一）创造和提升生产要素以支撑低碳产业的发展

根据迈克尔·波特的"钻石体系"模型，生产要素的结构和水平对产业国际竞争力具有决定性的作用，创造和提升生产要素的结构和水平，这里面主要包括人力资源、天然资源、知识资源、资本资源、基础设施等。低碳产业要具有高竞争力，必须依靠高级而专业的人力资源、知识资源、经济信息、基础设施及其他生产要素，生产要素的创造和提升机制也必须能不断激励低碳产业提升它们的竞争优势。

低碳产业有别于传统的产业类型，它的发展是基于低碳技术创新和经济发展理念的变化，其发展所需要的生产要素的结构和水平也有别于传统产业类型，因而发展低碳产业的首要条件是创造低碳产业发展需要投入的生产要素，特别是高级生产要素和专业生产要素。高级生产要素是需要通过长期投资和培育才能创造出来的要素，如现代化的基础设施、先进的低碳知识、高质量的人力资源、高水平的大学和研究机构等；专业生产要素是只能用于低碳产业的生产要素，如低碳技术型人才、专业化的基础设施、专业知识等。高级生产要素和专业生产要素的数量与质量决定了低碳产业的国际竞争优势，这两类生产要素的可获得性和精致程度也决定了低

---

① 迈克尔·波特著，李明轩，邱如美译 . 国家竞争优势 [M]. 北京：华夏出版社，2002.

碳产业的竞争优势及其持续时间。

（二）构建低碳产业创新系统

发展低碳经济的核心在于低碳技术创新，低碳产业是低碳经济发展模式下的以低碳技术为核心的新兴产业，而低碳产业创新系统为企业低碳技术创新提供了良好的系统环境。低碳产业的发展依赖于知识、技术和制定的创新，高效的低碳产业创新系统对低碳产业的发展具有重大意义。由于低碳产业的发展对我国经济和社会发展具有深远的战略意义，因此低碳产业创新系统的构建应提升至国家战略层面的高度。具体而言，低碳产业创新系统应以保持和提高我国低碳产业的可持续竞争力为系统目标，以低碳产业技术的有效创造、扩散与利用为系统核心。这首先要求建立专门的低碳技术研究机构，培养低碳技术识别能力，发展低碳技术，实现跨越式发展；其次维持低碳产业创新系统内，特别是研发体系内良好分工与协作，在加强与学校等科研机构合作的同时，集中力量取得优势技术的突破；最后，应着重强调政策及制定的保障与调节功能，加大对石化产业科技、财政投入。

（三）推动低碳相关产业的集聚

低碳产业集群是指低碳产业及其相关和支持性产业在一定区域内聚集。相关产业是指与某低碳产业因共用某些技术、共享同样的营销渠道或服务而联系在一起的产业或具有互补性的产业，在一个国家中，竞争力强的产业会有"提携"新产业的效果，"有竞争力的本国产业，通常会带动相关产业的竞争力，因为它们之间的产业价值相近，可以合作、分享信息，甚至在电脑、设备和应用软件等方面都能互补，这种关系也形成相关产业在技术、流程、销售、市场或服务上的竞争力。"[1]支持性产业主要是指为低碳产业提供原材料、零部件、机械设备等上游产业，具有竞争力的上游产业为下游产业快速、有效地适应市场需求变动、降低成本、提高竞争力创造了条

---

[1] 金乐琴，刘瑞.低碳经济与中国经济发展模式转型 [J].经济问题探索，2009（1）：88-91.

件，此外，上游及下游产业的相互合作有利于增强双方的竞争力。

因此，低碳产业集群是影响低碳产业国际竞争优势的重要因素，有关机构和部门应该创造一定条件，根据区域的自然、经济、社会条件，制定区域经济发展计划，提升区域内生产要素的结构和水平，促进相关低碳产业在一定区域内聚集。

（四）扩大和提高低碳产品国内需求的规模和质量

与国际市场相比，本国企业更容易发现国内市场中的客户需求，也更方便与客户进行沟通与交流；此外，国内市场需求规模的扩大与质量的提升会鼓励企业大量投资大规模的生产设备、发展技术、提高生产率，由此可以得出，低碳产品国内市场需求的大小及质量不但影响低碳产业的规模和效率、刺激企业的改进与创新，更重要的意义是在于它对低碳产业发展的推动。因此，为促进低碳产业的发展，低碳产业参与者应致力于扩大低碳产品的国内需求。在具体的做法上，可以通过技术标准、产业优先发展政策、倾斜采购政策、产品和流程标准（如产品性能、环境影响力）等来扩大和提升低碳产品国内需求的规模和质量。特别地，为使低碳产业获得竞争优势，应通过必要途径使扩大的这种低碳产品的国内需求应与国际市场的主要需求相同，这样容易实现国内需求到国际需求的转换。

（五）建立和维护市场竞争的秩序

国内市场竞争不仅对培养创新能力有帮助，更对本国产业和产业集群带来多项好处。维持激烈的国内市场竞争，将使本国企业从主动性客户、转换不利因素等钻石体系要素中产业竞争优势，而不是杀鸡取卵，寻求政府援助或出走了事。激烈的国内市场竞争不但强化本地优势，更加重企业以出口追求成长的压力，国内市场竞争者越强，企业国际化的成功机会就越大。由此可见，国内市场上企业之间的竞争程度对低碳产业的国际竞争力有很重要的影响，国内市场竞争会刺激低碳产品生产企业彼此竞相降低成本、提高质量和服务、研发新产品和新流程，以获得优势。因此，有必要保证国内市场处于活泼的竞争状态，例如可以通过产业组织政策建立和维护市场竞争的秩序，为低碳产业的发展提供良好的市场环境。

　　气候变化、能源枯竭等因素决定了低碳经济必然成为各国经济发展模式，低碳经济有别于传统的经济发展模式，它是一种可持续的经济发展模式，其核心在于低碳技术的创新，低碳产业也会因此成为新兴产业。发展低碳经济的重点在于发展低碳产业，低碳产业是国家核心竞争力的重要来源，低碳产业的发展不仅有利于低碳技术的创新，而且为低碳经济的发展和低碳生产力的提高提供了源源不断的动力。低碳产业的发展和竞争优势的形成需要低碳产业参与者及有关各方的努力和培育，可以从创造和提升生产要素、构建低碳产业创新系统、扩大和提高低碳产品国内需求的规模和质量、推动低碳产业集群的形成、建立和维护市场竞争的秩序等几个方面着手。

第八章
结论与展望

党的十九大报告明确提出，我国经济已由高速增长阶段转为高质量发展阶段。相应地，我国经济发展方式也自然由高能耗、高排放、高污染、低效率的传统粗放型经济增长方式向资源节约、环境友好型的集约型经济增长方式转变。因此，绿色、低碳发展成为实现我国经济高质量发展的必然选择。当前，发展低碳经济已成为人们的共识。自改革开放以来，产业集群这一特殊的经济现象对我国区域经济的发展做出了巨大贡献，然而，我们在看到产业集群为经济增长做出巨大贡献的同时，也必须看到区域经济在增长过程中对资源和能源的大量消耗以及对环境的破坏，造成碳排放的快速增加，气候的异常等对生态环境破坏的弊端。另一方面，随着市场竞争的白热化，科技日新月异的变化，产品开发周期越来越短，依靠企业自身的资源与能力来满足市场，获得经济利益，已经成为过去时。首先创新资源是缺乏的，不同的主体拥有的创新资源不同，创新能力也千差万别。企业在市场需求、经济利益的驱动下，必然会选择与区域其他主体通过战略联盟等形式进行全面合作，协同创新。本书正是基于低碳经济和协同创新这两方面结合的角度，探讨低碳产业集群的协同创新问题，探讨低碳产业集群的形成机理及运行机制，以实现创新驱动经济增长的高质量发展目标。本书研究的主要结论如下：

（1）低碳经济是一种能够实现经济、社会、生态可持续性发展的经济发展模式。低碳经济模式下，通过技术创新、新能源开发、循环利用等手段降低经济发展对稀缺和不可再生能源的依赖，提高能源的利用效率，减少对环境的损害，保持自然资源和环境服务的可持续利用，我国作为一个人口数量众多的发展中国家，工业是推动我国经济快速增长的主体产业，能源需求快速增长，推行低碳经济发展模式不仅是实现我国经济的可持续发展和人们生活质量持续提高的要求，也是在未来几十年中建立起我国国家综合竞争力的需要。

（2）低碳产业集群是区域经济发展的重要载体，是区域和国家提高绿色竞争力的核心。低碳产业集群协同创新是摆脱锁定和衰退，实现可持续发展的关键。低碳产业集群中企业、政府、供应商、经销商、中介服务机构、金融机构、高校和科研院所等各利益主体只有在低碳发展的理念下进行有效的协同创新，才能实现低碳产业集群的高效发展，本书在分析中对各行为主体的利益关系进行博弈分析后得出，应建立一种协调各行为主体利益关系的有效机制，来保证集群协同创新的顺利进行。即通过提高合作效应、增强合作信任程度、提高合作激励因子、培育良好的合作制度环境、法律环境和文化环境等，来实现"1+1+1＞3"的协同效应。

（3）基于对创新驱动现有研究成果的分析，本书对协同创新内涵进行阐释，认为协同创新是一种新型资源配置方式和内生发展模式，即知识、技术、制度等创新要素对自然资源、劳动力等传统要素进行新的改造和组合，从而提高创新能力，实现内生性增长。创新协同是一个由知识创新、科技孵化、技术创新、市场创新和管理创新等环节和方面组成的动态复杂的经济过程。创新驱动还是一种创新功能系统和产业发展战略。借鉴国家创新系统、区域创新系统和集群创新系统理论关于创新系统构成和机理的研究成果，运用跨学科、多角度系统分析的研究方法，构建了由创新资源、创新主体、创新机制和创新环境组成的创新驱动体系一般分析框架。该理论框架分析了协同创新体系的要素构成、要素之间关系、系统作用机理以及创新功能，认为协同创新是一个由四个要素构成的动态开放系统，通过多主体协同、多要素整合、多机制联动，实现技术创新、知识创新、制度创新、市场创新、服务创新、金融创新等创新功能的集成，提升经济系统的创新能力。协同创新体系框架的构建为产业集群低碳升级机理研究提供了理论工具。

（4）协同创新是实现低碳产业集群高质量发展的根本途径。依靠创新主体间的互动协同、创新要素的优化配置、创新机制的联动作用和创新环境的共同保障，形成以企业为主体的技术创新、高校院所为主体的知识创新、政府为主体的制度创新、中介服务机构为主体的服务创新以及金融机构的金融创新，并进行创新功能的集成，共同推动产业集群的升级和发展。低碳产业集群转型发展战略要围绕协同创新体系的构建和创新能力的形成，从创新要素、创新主体、创新机制和创新环境四个维度展开，依靠创新功能集成实现产业集群低碳升级。

由于主客观条件所限，本书还可以在以下方面进行拓展性的深入研究：

（1）加强对低碳产业集群协同创新能力评价指标体系的研究。在后续研究中，需要在构建基于协同创新的低碳产业集群发展模型和系统研究集群低碳升级影响因素的基础上，借鉴现有低碳产业集群协同创新能力评价指标的成果，考虑实证研究反映的问题，进行进一步的理论思考，构建一个系统、科学的低碳产业集群协同创新能力量化评价指标体系。进而，采取问卷调查的方法和数学研究方法，对各项指标权重进行赋值，形成指标权重向量汇总表，以期能够全面、准确反映协同创新在产业集群低碳升级中的作用规律。

（2）加强对协同创新动态过程的研究。创新驱动是与要素驱动或投资驱动相互区别又紧密相关的经济发展模式。本书从静态角度对创新驱动在低碳产业集群形成及运行中的作用机理进行了研究，下一步应该从动态或比较动态角度，研究从要素驱动向创新驱动的演进过程和规律，并进行比较分析，可以进一步加深对创新驱动规律的认识。

（3）加强对国内外创新驱动经验的研究。本书虽然通过具体案例对低碳产业集群转型发展的协同创新理论进行了实证研究，但缺乏对国内外创新驱动经验的系统梳理和借鉴。在下一步研究中，应将理论研究与实证研究更加紧密结合起来，通过对国内外创新驱动经验做法的梳理和归纳，一方面可以对理论研究成果进行检验，另一方面可以对理论研究成果进行补充和完善。

参考文献

[1]   Michael.E.Porter. Competitive Advantage[M]. New York： Free
      Press, 1985： 65-73.

[2]   Malerba F. Sectoral systems of innovation and production.
      Amsterdam[J]. Research Policy,2002(32):247-264.

[3]   Humphery J. ，Schmitz H. How Does Insertion in Global Value
      Chain Affect Upgrading Industrial Clusters?[J]. Industrial and
      Corporate Change，2005，14（4）： 679-703.

[4]   PING W.An Integrative Framework for Understanding the
      Innovation

[5]   Ecosystem[C]. Proceedings of the Conference on Advancing
      the Study of Innovation and Globalization in Organizations,
      Nürnberg， Germany， 2009,May 29-30.

[6]   MALERBA F. Sectoral Systems of Innovation[A].The Oxford
      Innovation Handbook[C]. New York: Oxford University Press,
      2005:380-406

[7]   FREEMAN C, SOETE L. The Economics of Industrial Innovation(third
      ed)[M]. London： Pinter, 1997:59-86.

[8]   ANSOFF H I. Corporate strategy[M]. New York: McGraw-Hill,

1965:68-97.

[9] FREEMAN C. Technology Policy and Economic Performance: Lessons from Japan[M]. London: Pinter, 1987:138-167.

[10] BRITTON J. Network Structure of an Industrial Cluster Electronics in Toronto[J]. Environment and Planning(A), 2003(6): 983-1006.

[11] FREEMAN C. Networks of Innovators: A Synthesis of Research Issues[J]. Research Policy,1991(20): 499-514.

[12] UNRUH,G.C. Understanding Carbon Lock-in[J]. Amsterdam: Energy Policy, 2000,28(12): 817-830.

[13] HIDEKI YAMAWAIKI. The Evolution and Structure of Industrial Clusters in Japan[J]. Small Business Economic,2002(18): 121-140.

[14] KOGUT B. The Network as Knowledge: Generative Rules and the Emergence of Structure[J]. New York: Strategic Management Journal,2000,(21): 405-425.

[15] SAXENIAN A. Culture and Competition in Silicon Valley and Route 128 [M].Cambridge: Harvard University Press,1994:168-217.

[16] BRESCHI S., Malerba F. Sectoral Systems of Innovation: Technological Regimes,Schumpeterian Dynamics and Spatial Boundaries[A].Edquist. Systems of Innovation:Technologies,Instit utions and Organizations[C]. London: Pinter, 1997:130-156

[17] ANSOFF H. Corporate Strategy[M]. New York: McGraw-Hill Book Company, 1987: 35-83.

[18] FREEMAN C. Networks of Innovators: A Synthesis of Research Issues[J]. Research Policy,1991,20(5): 499~514.

[19] Cornell University，INSEAD，WIPO．The Global Innovation Index 2015:Effective Innovation Policies for Development［R/OL］.https://www．Global Innovation Index．org/content/page/gii-full-report-2015．

[20] TETHER B S.Who Co-operates for Innovation, and Why: An Empirical Analysis[J].Research Policy,2002,31(6):947~967.

[21] LIKER J K, KAMATH R R, NAZLI WASTI S,et al. Supplier Involvement in Automotive Component Design: Are there Really Large US Japan Differences?[J]. Research Policy, 1996,25(1): 59~89.

[22] BIDAUKT F, DESPRES C, BUTLER C. The Drivers of Cooperation Between Buyers and Suppliers for Product Innovation[J]. Research Policy, 1998, 26(7): 719~732.

[23] MIOTTI L, SACHWALD F. Co-operative R&D: Why and with Whom? An Integrated Framework of Analysis[J]. Research Policy, 2003, 32(8): 1481~1499.

[24] QUINTANA-GARCIA C, BENAVIDES-VELASCO C A. Cooperation, Competition, and Innovative Capability: A Panel Data of European Dedicated Biotechnology Firms[J]. Technovation, 2004, 24(12): 927~938.

[25] SAKAKIBARA M. Heterogeneity of Firm Capabilities and Cooperative Research and Development: An Empirical Examination of Motives[J]. Strategic Management Journal, 1997,18(S1):143~164.

[26] DAS T K, TENG B S. Between Trust and Control: Developing Confidence in Partner Cooperation in Alliances[J]. Academy of

Management Review, 1998,23(3):491~512.

[27] DYER J H, NOBEOKA K.Creating and Managing a High-performance Knowledge Sharing Network: The Toyota Case[J]. Strategic Management Journal,2000,21(3):345~368.

[28] DHANARAJ C, PARKHE A. Orchestrating Innovation Networks[J]. Academy of Management Review,2006,31(3):659~669.

[29] ZAHEER A,MCEVILY B,PERRONE V.Does Trust Matter? Exploring the Effects of Interorganizational and Interpersonal Trust on Performance[J]. Organization Science, 1998, 9(2): 141~159.

[30] Taylor M S, Copeland B R. Trade and transboundary pollution[J].American Economic Review, 1995,85 (4):716-737.

[31] GNYAWALI D R, MADHAVAN R.Cooperative Networks and Competitive Dynamics: A Structural Embeddedness Perspective[J]. Academy of Management Review,2001,26(3):431~445.

[32] AHUJA G. Collaboration networks, structural holes, and innovation: A longitudinal study[J]. Administrative Science Quarterly, 2000, 45(3): 425~455.

[33] KRAATZ M S. Learning by Association? Interorganizational Networks and Adaptation to Environmental Change[J].Academy of Management Journal, 1998,41(6):621~643.

[34] IPCC, Working Group I Contribution to the Fifth Assessment Report of the Intergovernmental Panel on Climate Change, Climate Change 2013:The Physical Science Basis [EB/OL] .http://www. Climate change 2013.

[35] IEA，Carbon Capture and Storage Model Regulatory Framework [EB/OL]．http://www．iea．org/publications/freepublications/.

[36] Fankhauser S, Bowen A, Calel R, Dechezleprêtre A,Grover D,Rydge J,Sato M.Who will Win the Green Race?In search of Environmental Competitiveness and Innovation[J].Global Environmental Change,2013,5(12):123-167.

[37] Carraro C,Galeotti M.Economic Growth,International Competitiveness and Environmental Protection:R&D and Innovation Strategies with the WARM model[J]. Energy Economics,1997,19 (1):2-28.

[38] Taylor M S,Copeland B A.North-South Trade and the Environment[J]. Quarterly Journal of Economics,1994,109(3):755-787.

[39] Lovins A B,Lovins L H.A Road Map for Natural Capitalism[J]. Harvard Business Review,1999,7(5):58-69.

[40] Hart S L.Beyond Greening:Strategies for a Sustainable World[J]. Harvard Business Review,1997,9(13):16-35.

[41] Bonifant B C,Arnold M B,Long F J.Gaining Competitive Advantage Through Environmental Investments[J]. Business Horizons, 1995,38(4): 37-47.

[42] Porter M E,Van Der Linde C.Green and Competitive:Ending the Stalemate[J].Harvard business review,1995,73(5):120 -134.

[43] International Institute for Management Development.The World Competitiveness Year Book[R]，1996-2005.

[44] ARRANZ N, DE ARROYABE J C F. The Choice of Partners in R&D Cooperation: An Empirical Analysis of Spanish Firms[J].

Technovation,2008,28(1):88~100.

[45] 徐作圣，许友耕，郑志强等．国家创新系统与竞争力——台湾集成电路产业之实证 [J].经济情势暨评论季刊，2000(3).

[46] 庄贵阳．中国发展低碳经济的困难与障碍分析 [J].江西社会科学，2009（7）.

[47] 刘友金．集群式创新形成与演化机理研究 [J].中国软科学，2003（2）.

[48] 付允，马永欢，刘怡君等．低碳经济的发展模式研究 [J].中国人口·资源与环境，2008（3）.

[49] 金乐琴，刘瑞．低碳经济与中国经济发展模式转型 [J].经济问题探索，2009（1）.

[50] 洪小瑛．关于绿色竞争力的几点理论思考 [J].广西社会科学，2002（3）.

[51] 王辑慈．创新的空间——产业集群与区域发展 [J].北京大学出版社，2001.

[52] 韩江波．基于要素配置结构的产业升级研究 [J].首都经济贸易大学学报，2011（1）.

[53] 葛秋萍，李梅．我国创新驱动型产业升级政策研究 [J].科技进步与对策，2013（16）.

[54] 陈曦．创新驱动发展战略的路径选择 [J].经济问题，2013（3）.

[55] 曾国屏，苟尤钊，刘磊．从"创新系统"到"创新生态系统"[J].科学学研究，2013（1）.

[56] 洪银兴．关于创新驱动和协同创新的若干重要概念 [J].经济理论与经济管理，2013（5）.

[57] 陈红喜, 刘东, 袁瑜. 低碳背景下的企业绿色竞争力评价研究——基于价值链视角 [J]. 科技进步与对策, 2013（4）.

[58] 刘传江, 章铭. 低碳产业与产业低碳化 [J]. 湖北社会科学, 2013（4）.

[59] 彭德芬. 经济增长质量研究 [M]. 华中师范大学出版社, 2002.

[60] 赵广华. 低碳产业集群的发展机制建设 [J]. 中国国情国力, 2010（8）.

[61] [英] 亚当·斯密. 国富论 [M]. 西安: 陕西人民出版社, 2007.

[62] [英] 李嘉图. 政治经济学及赋税原理 [M]. 北京: 光明日报出版社, 2009.

[63] 张治河, 胡树华, 金鑫等. 经济产业创新系统模型的构建与分析 [J]. 科研管理, 2006（3）.

[64] 梁中. 低碳产业创新系统的构建及运行机制分析 [J]. 经济问题探索, 2010（7）.

[65] 李平. 低碳产业体系的构建与政策建议 [J]. 生态经济, 2013（2）.

[66] 蔡林海. 低碳经济绿色革命与全球创新竞争格局大格局 [M]. 北京: 经济科学出版社, 2009.

[67] 林宗虎. 低碳技术及其应用 [J]. 自然杂志, 2011（2）.

[68] 盛济川, 曹杰. 低碳产业技术路线图分析方法研究 [J]. 科学学与科学技术管理, 2011（11）.

[69] 彭绪庶. 基于技术经济分析的低碳产业组合选择 [J]. 科技进步与对策, 2014（10）.

[70] 陈文婕, 颜克高. 新兴低碳产业发展策略研究 [J]. 经济地理, 2010（2）.

[71] 刘文玲, 王灿. 低碳城市发展实践与发展模式 [J]. 中国人口·资

源与环境，2010（4）.

[72] 李健，徐海成.低碳产业发展问题与对策研究 [J].科技进步与
对策，2010（11）.

[73] 吴晓波，赵广华.论低碳产业集群的动力机制——基于省级面
板数据的实证分析 [J].经济理论与经济管理，2010（8）.

[74] 伍华佳.中国产业低碳化转型与战略思路 [J].社会科学，2011（8）.

[75] 吴力波.中国经济低碳化的政策体系与产业路径研究 [M].上海：
复旦大学出版社，2010.

[76] 王泽填.基于低碳经济的我国电子信息制造业发展研究 [J].福
建论坛（人文社会科学版），2010（9）.

[77] 马岩，鲁江.我国煤炭行业低碳经济发展模式研究 [J].中国矿业，
2011（5）.

[78] 杜欣，邵云飞.集群核心企业与配套企业的协同创新博弈分析
及收益分配调整 [J].中国管理科学，2013（6）.

[79] 刘胜.低碳经济政策体系：英国的经验与启示 [J].社会科学研
究，2013（6）.

[80] 刘婷，刘菲菲，吴冷寒.高碳产业低碳化路径研究综述 [J].北
方经济，2013（9）.

[81] 陈宇，佟林.我国产业升级的财税政策取向 [J].税务研究，
2015（4）.

[82] 刘丹，闫长乐.协同创新网络结构与机理研究 [J].管理世界，
2013（12）.

[83] 王中亮.南京江宁区协同创新培育低碳新兴服务业产业集群研
究 [D]，东南大学，2015.

[84] 魏江，李拓宇，赵雨菡.创新驱动发展的总体格局、现实困境与政策走向 [J].中国软科学，2015（5）.

[85] 解学梅.中小企业协同创新网络与创新绩效的实证研究 [J].管理科学学报，2010（8）.

[86] 李金辉，刘军.低碳产业与低碳经济发展路径研究 [J].经济问题，2011（3）.

[87] 文龙光，易伟义.低碳产业链与我国低碳经济推进路径研究 [J].科技进步与对策，2011（14）.

[88] 胡启兵.低碳产业集聚发展研究 [J].企业经济，2012（12）.

[89] 冯奎.中国发展低碳产业集群的战略思考 [J].对外经贸实务，2009（10）.

[90] 李珀松，冯昱，王天天.中国低碳产业园区的实践与发展模式选择 [J].生态经济，2014（2）.

[91] 吕静，卜庆军，汪少华.中小企业协同创新及模型分析 [J].科技进步与对策，2011（3）.

[92] [德] 哈肯，徐锡申等译.协同学引论 [M].北京：原子能出版社，1984.

[93] [德] 赫尔曼·哈肯，郭治安译.高等协同学 [M].北京：科学出版社，1989.

[94] 杨耀武，张仁开.长三角产业集群协同创新战略研究 [J].中国软科学，2009（S2）.

[95] 陆小成，刘立.区域低碳创新系统的结构——功能模型研究 [J].科学学研究，2009（7）.

[96] 陈劲，阳银娟.协同创新的理论基础与内涵 [J].科学研究，

2012（5）.

[97] 楼高翔.供应链技术创新协同研究 [D]，上海交通大学，2009.

[98] 李春艳，刘力臻.产业创新系统生成机理与结构模型 [J].科学学与科学技术管理，2007（1）.

[99] 王明明，党志刚，钱坤.产业创新系统模型的构建研究——以中国石化产业创新系统模型为例 [J].科学学研究，2009（2）.

[100] 范太胜.基于产业集群创新网络的协同创新机制研究 [J].中国科技论坛，2008（7）.

[101] 罗兴鹏，张向前.福建省民营企业产业升级协同创新机制研究 [J].华东经济管理，2014（1）.

[102] 解学梅.中小企业协同创新网络与创新绩效的实证研究 [J].管理科学学报，2010（8）.

[103] 陈晓红，解海涛.基于"四主体动态模型"的中小企业协同创新体系研究 [J].科学学与科学技术管理，2006（8）.

[104] 张波.中小企业协同创新模式研究 [J].科技管理研究，2010（2）.

[105] 唐丽艳，陈文博，王国红.中小企业协同创新网络的构建 [J].科技进步与对策，2012（20）.

[106] 甄晓非.协同创新模式与管理机制研究 [J].科学管理研究，2013（1）.

[107] 柳卸林.21世纪的中国技术创新系统 [M].北京：北京大学出版社，2000.

[108] 陈蓉，梁昌勇，叶春森.产业集群视角下中小企业协同创新系统实证研究 [J].科技进步与对策，2016（7）.

[109] 王文军.低碳经济发展的技术经济范式与路径思考 [J].云南社

会科学，2009（4）.

[110] 仇保兴.小企业集群研究 [M].上海：复旦大学出版社，1999.

[111] [美] 威廉姆森.交易费用经济学：契约关系的规则；企业制度与市场组织——交易费用经济学文选 [M].上海：上海三联书店，上海人民出版社，1996.

[112] 陈晓春，谭娟，陈文婕.论低碳消费方式 [J].光明日报（理论版），2009 - 04 - 21.

[113] 陈清泰.自主创新和产业升级 [M].北京：中信出版社，2011.

[114] [美] 理查德·R. 尼尔森.国家（地区）创新体系比较分析 [M].北京：知识产权出版社，2012.

[115] 田依林.产业集群升级路径选择 [J].科技进步与对策，2011（6）.

[116] 王娇俐，王文平，王为东.产业集群升级的内生动力及其作用机制研究 [J].商业经济与管理，2013（2）.

[117] 朱海燕.产业集群升级：内涵、关键要素与机理分析 [J].科学学研究，2009（2）.

[118] 王珺等.技术创新与集群发展：我国专业镇经济的技术创新机制研究 [M].北京：经济科学出版社，2008.

[119] 马建会.产业集群成长机理研究 [M].北京：中国社会科学出版社，2007.

[120] 郝寿义，安虎森等.区域经济学 [M].北京：经济科学出版社，1999.

[121] 赵玉林.创新经济学 [M].北京：中国经济出版社，2006.

[122] [美] 阿瑟·刘易斯，梁小民译.经济增长理论 [M].上海：上海人民出版社，1994.

[123] 李正风，曾国屏. 中国创新系统研究——技术、制度与知识 [M]. 济南：山东教育出版社，1999.

[124] 王殿举，齐二石. 技术创新导论 [M]. 天津：天津大学出版社，2003.

[125] 张辉. 全球价值链下地方产业集群的转型和升级 [M]. 北京：经济科学出版社，2006.

[126] 王缉慈，陈平，马铭波. 从创新集群的视角略论中国科技园的发展 [J]. 北京大学学报（自然科学版），2010（1）.

[127] 王进富，张颖颖，苏世彬，刘江南. 产学研协同创新机制研究——一个理论分析框架 [J]. 科技进步与对策，2013（8）.

[128] 任保平，郭晗. 经济发展方式转变的创新驱动机制 [J]. 学术研究，2013（2）.

[129] 陈海华，陈松. 从产业集群到创新集群的演化过程及机制研究 [J]. 中国软科学，2010（10）.

[130] 刘志彪. 从后发到先发：关于实施创新驱动战略的理论思考 [J]. 产业经济研究，2011（4）.

[131] 张学伟，刘志峰. 产业集群创新机制的形成机理和影响因素研究 [J]. 科技管理研究，2010（2）.

[132] 王松. 我国区域创新主体协同研究 [D]. 武汉理工大学，2013.

[133] 周志太. 基于经济学视角的协同创新网络研究 [D]. 吉林大学，2013.

[134] 盛四辈. 系统论视角下的我国国家创新体系战略群演进研究 [D]. 中国科学技术大学，2012.

[135] 刘向舒. 高新技术产业集群升级研究 [D]. 西北大学，2011.

[136] 董明月.我国新兴服务业发展报告 [J].调研世界，2011（12）.

[137] 夏杰长.我国新兴服务业的四大发展战略 [J].中共中央党校学报，2012（2）.

[138] 王欢芳，何燕子.长株潭城市群产业集群低碳化升级模式研究 [J].科技管理研究，2012（20）.

[139] 曹莉萍，诸大建，易华.低碳服务业网络治理结构与机制研究 [J].经济学家，2011（12）.

[140] 刘佳，赵金金.旅游产业低碳化发展水平评价与测度 [J].经济管理，2012（6）.

[141] 李先江.服务业绿色创业背景下低碳服务创新与企业绩效关系研究 [J].华东经济管理，2013（6）.

[142] 许强，应翔君.企业主导下传统产业集群和高技术产业集群协同创新网络比较—基于多案例研究 [J].软科学，2012（6）.

[143] 胡源.产业集群中大小企业协同创新的合作博弈分析 [J].科技进步与对策，2012（22）.

[144] 杜欣，邵云飞.集群核心企业与配套企业的协同创新博弈分析及收益分配调整 [J].中国管理科学，2013（6）.

[145] 李短华，武晓锋，胡瑶巧.基于演化博弈的战略性新兴产业集群协同创新策略研究 [J].科技进步与对策，2013（2）.

[146] 赵锋.发展低碳服务业的必要性与对策建议 [J].陕西行政学院学报，2013（2）.

[147] 刘静暖，黄林，卢婧.服务外包低碳化升级的障碍与对策 [J].福建论坛人文社会科学版，2011（12）.

[148] 盖文启.创新网络——区域经济发展新思维 [M].北京：北京

大学出版社，2002.

[149] 庄贵阳，潘家华，朱守先.低碳经济的内涵及综合评价指标体系构建 [J].经济学动态，2011（1）.

[150] 方大春，张敏新.低碳经济的理论基础及其经济学价值 [J].中国人口资源与环境，2011（7）.

[151] 郑嘉伟.新常态下中国宏观经济形式分析与展望 [J].当代经济管理，2015（5）.

[152] 张来武.论创新驱动发展 [J].中国软科学，2013（1）.

[153] 刘友金，黄鲁成.产业集群的区域创新优势与我国高新区的发展 [J].中国工业经济，2001（2）.

[154] 杜静，陆小成.区域创新系统的生态化问题研究 [J].财经理论与实践，2007（3）.

[155] 金碚.中国经济发展新常态研究 [J].中国工业经济，2015（1）.

[156] 洪银兴.论创新驱动经济发展战略 [J].经济学家，2013（1）.

[157] 卫兴华.创新驱动与转变发展方式 [J].经济纵横，2013（7）.

[158] [美]奥利弗·E·威廉姆森.治理机制 [M].北京：中国社会科学出版社，2001.

[159] 刘家海.企业间资源耦合：低碳经济发展的有效途径 [J].科技进步与对策，2010（22）.

[160] 赵广华.产业集群企业的低碳供应链管理 [J].企业管理，2010（8）.

[161] 杨耀武、张仁开.长三角产业集群协同创新战略研究 [J].中国软科学，2009（10）.

[162] 冯奎.中国发展低碳产业集群的战略思考 [J].对外经贸实务，2009（10）.

[163] 孙小明.新常态下低碳产业的机遇与发展模式选择 [J].资源开发与市场，2016（8）.

[164] 陈旭.新型工业化背景下基于产业集群的技术创新研究 [M].成都：四川大学出版社，2012.

[165] 李东兴.创新驱动发展战略研究 [J].中央社会主义学院学报，2013（2）.

[166] 闫莉.促进产业升级的公共政策选择 [J].学术论坛，2013（4）.

[167] 甘文华.创新驱动的四重维度——基于方法论视角的分析 [J].党政干部学刊，2013（1）.

[168] 王来军.基于创新驱动的产业集群升级研究.中共中央党校博士学位论文，2014.

[169] 王静华.全球价值链视角下产业集群升级的路径探析 [J].科学管理研究，2012（1）.

[170] 傅兆君.中国发展道路的创新驱动特征研究 [J].南京理工大学学报（社会科学版），2012（3）.

[171] 李亚林.产业集群升级研究成果综述 [J].价格月刊，2011（7）.

[172] 豆玲.基于创新网络的产业集群升级研究——以柳州市汽车为例.武汉理工大学硕士学位论文，2012.

[173] 马池顺.创新资源视角下的创新型城市成长研究 [D].武汉理工大学，2013.

[174] 林学军.基于三重螺旋创新理论模型的创新体系研究 [D].暨南大学，2010.

[175] 刘运材.低碳经济背景下绿色包装产业发展对策研究 [J].生态经济，2012（1）.

[176] 刘运材.基于技术创新的包装企业核心竞争力分析 [J].中国包装工业，2009（4）.

[177] 杨洁，刘运材.促进两型试验区产业结构升级的能源价格改革研究 [J].湖南社会科学，2012（6）.

[178] 杨洁，刘运材.我国新能源产业的政策支持研究 [J].价格理论与实践，2012（5）.

[179] 杨洁，刘运材.低碳经济产业链发展模式研究 [J].经济体制改革，2011（5）.

[180] 刘运材.社会资本与企业集群的协同效应 [J].江苏商论，2007（4）.

[181] 杨洁，刘运材.低碳经济模式下企业融资机制研究 [J].生产力研究，2011（6）.

[182] 刘运材.企业集群内部的企业家协调 [J].经济研究导刊，2007（3）.

[183] 刘运材.信任与协作打造集群竞争优势 [J].现代企业，2007（4）.

[184] 杨洁.低碳经济发展中的资源性产品价格改革探讨 [J].经济纵横，2012（1）.

[185] 杨洁.构建有利于低碳经济发展的企业融资政策支持体系研究 [J].求索，2011（6）.

[186] 杨洁.基于低碳经济视角的企业战略成本管理 [J].财务与金融，2010（8）.

[187] 杨洁.区域低碳产业协同创新体系形成机理及实现路径研究 [J].科技进步与对策，2014（4）.

[188] 冯奎.中国发展低碳产业集群的战略思考 [J].对外贸易实务，

2009（10）.

[189] 王欢芳，胡振华. 低碳产业集群的动力机制及实现路径分析 [J]. 经济体制改革，2011（5）.

[190] 邢继俊，黄栋，赵刚. 低碳经济报告 [M]. 北京：电子工业出版社，2010.

[191] 郑娜，马永俊. 低碳经济产业园与产业集群建设研究初探 [J]. 经济研究导刊，2009（36）.

[192] 刘良灿，张同建. 知识产权战略与自主技术创新的联动效应研究——基于我国产业集群升级的视角 [J]. 特区经济，2011（7）.

后 记

经过改革开放40年的快速发展，我国经济取得了举世瞩目的巨大成就。然而，我们在看到我国经济取得辉煌成就的同时，也不能忽略由于经济发展造成的大量资源消耗以及对人们赖以生存的自然环境的破坏。产业集群是我国经济发展的重要载体，一方面对我国经济的高速发展发挥了巨大的辐射和带动作用，另一方面，由于一些集群发展的粗放式模式，对区域经济生态环境带来了严重的污染和破坏。

当前，我国经济发展已经步入新常态，经济增长速度由原来的高速转为中高速，增长动力由原来的要素和投资的驱动转为创新驱动，经济发展目标已经由追求GDP增长的数量扩张转变为提高人们生活幸福指数的品质提升。正如党的十九大报告指出的，今后一段时期，要大力推动我国经济高质量发展，建设美丽中国，要树立"创新、协调、绿色、开放、共享"五大发展理念，坚持绿色、低碳及可持续发展模式。真正做到经济发展与生态环境保护协调配合，实现人类与自然的和谐相处。

产业集群作为一个地区或一个国家经济发展的名片，在区域经济发展中具有重要的地位。在我国经济发展进入新时代的背景下，如何实现产业集群由原来的高能耗、高污染、高排放的粗放型发展模式转变为绿色、低碳、可持续的集约型发展模式，是摆在每位企业家、政府官员及学者面前的严峻现实问题。本书从协同创新的角度探讨低碳产业集群的形成机制，提出了产业集群低碳转型的实现路径，将为政府相关部门制定政策提供有意义的启示和借鉴。

本人从2002年在暨南大学攻读产业经济学专业研究生以来，就对产业集群问题产生了浓厚的兴趣，并且把这一研究兴趣作为我的硕士论文题目————"企业集群的治理问题研究"。2007年以来，本人先后主持了湖南省社科基金"构建包装企业核心竞争力研究（07JD39）"，主要从循环经济的角度研究包装产业的可持续发展问题；2009年我主持了湖南省教育厅科研项目"绿色包装产业发展对策研究（09C360）"，对包括包装产业在内的我国经济的绿色、低碳发展问题做了大量的研究工作，在《生态经济》、《经济体制改革》等期刊发表了低碳经济相关的论文6篇。2015年我申请湖南省自科基金课题"区域低碳产业协同创新体系形成机理及引导模式研究（项目编号：2015JJ2048）"有幸获得资助，在研究过程中，结合自己多年来的相关研究成果，逐步产生了出版一本专著的念头。经过一年多时间的撰写，完成了本书的定稿。

在我多年来的学习和研究过程中，尤其是在本书的撰写过程中，要特别感谢我的硕士生导师暨南大学的朱卫平教授和湖南大学的罗能生教授，是他们把我引入了学术研究的殿堂，启迪了我对产业集群这一热点问题的思考，他们高尚的品德、渊博的学识和严谨的治学态度深深感染着我，使我受益匪浅，是我终生学习的榜样。还要感谢湖南工业大学的杨洁教授对本书研究思路的指导，通过杨教授的指点，使我理清了思路，明确了研究方向，少走了弯路。当然，本书的写作，离不开湖南省自科基金给我提供的研究机会，因此，我要感谢湖南省自科基金对本课题研究的支持，使我有机会实现自己的研究兴趣。

本书得到了光明日报出版社的支持和资助，在此深表谢意。感谢各位编辑、审稿、校对人员一次又一次地修订我的专著的漏洞和不足。

最后，还要特别指出的是，本著作的写作过程中，引用和参考了国内外许多专家学者发表的成果和学术观点。对此，我力求在本书的注释及参考文献中进行说明和备注，如有疏漏，恳请谅解，并在此一并致以诚挚的谢意！同时，由于时间和水平有限，本书的研究还有很多不足之处，期待得到各位专家和读者的批评和指正！

刘运材

2018年10月